星出版

新觀點
新思維
新眼界

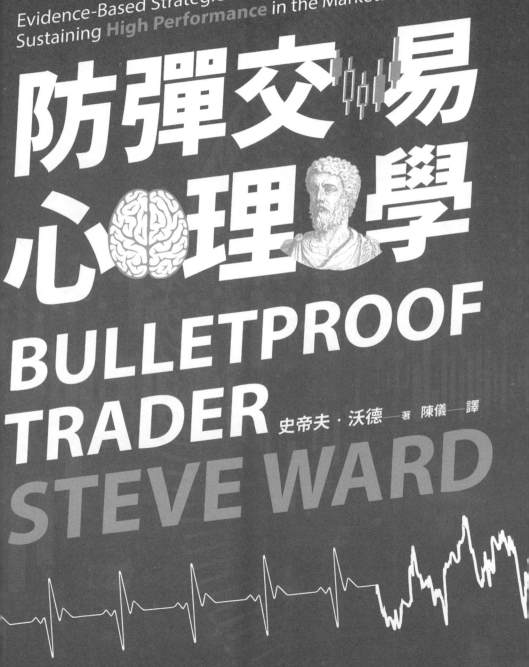

Evidence-Based Strategies for Overcoming Setbacks and
Sustaining **High Performance** in the Markets

防彈交場心理學

BULLETPROOF
TRADER

史帝夫・沃德——著　陳儀——譯

STEVE WARD

I am delighted to see *Bulletproof Trader* published in Traditional Chinese, such that it will be available to an even wider audience.

Trading the markets is a very challenging pursuit, that exposes traders to a wide variety of stresses, setbacks and challenges. I hope that the ideas and strategies presented within this book will help those reading it to be able to navigate the highs and lows of the trading experience more effectively.

我很高興看到這本書推出繁體中文版,因此可以觸及更廣大的群眾。

交易是一項非常具有挑戰性的事務,所有交易者都暴露在各式各樣的壓力、挫敗與挑戰之下。我由衷希望這本書分享的各種概念與策略,能夠幫助你更有效地安度交易經驗的高低潮。

史帝夫・沃德

謹獻給赫拉夫與米瑞特

To Herluf and Merete

目錄

這本書能夠
為你帶來什麼幫助？

為什麼你需要這本書？

只要是在市場交易的人，都難免會遭遇各式各樣的內在壓力、情緒、挑戰與挫折，本書就是為有心處理這些問題的交易者而寫的；透過這本書的協助，你將能夠長久保持最佳操作績效。

所有交易者都知道，市場操作的報酬有時真的很可觀，但那絕非得來全不費功夫，過程中也絕非毫無壓力。市場交易或許堪稱世上最具心理與情緒挑戰的活動之一，犯錯、錯失機會與虧損等，全都無可避免，因操作而起的內在壓力也堪稱家常便飯，而且壓力有可能非常巨大，久久揮之不去。總之，這種內在壓力有可能對心靈、肉體、行為與成果造成極為巨大的代價。

然而，我們有可能善用心理學、生理學和哲學領域的獨到見解，更有效率地應對操作上遭遇到的困難——但不是消除那些困難——甚至將那些困難化為助力。這

就是過去十五年來，我輔導全球各地市場的操盤手及投資人——有資深，也有資淺——的重點領域之一。**創造個人最佳績效、獲取最大市場報酬的關鍵，在於培養管理市場操作相關心理及生理挑戰的能力。**

我不是第一次寫和操作績效有關的書。我的前著《高績效操作》（*High Performance Trading*）依舊是（我希望它依舊是）有助於改善所有交易者心理的實用小型策略集，就像是可在需要時拿出來參考的練習手冊。《交易心理》（*TraderMind*）一書，則是提供了多種正念法。

這本書的目標，是要提供實用的資源，幫助交易者妥善應對隨市場操作而來的心理、情緒和生理挑戰與需求。我想透過出版這本書，分享我從實地研究和實務操作中獲得的最新特有領悟，包括：

- 生物回饋（biofeedback）領域的相關領悟——衡量市場對交易者生理機能的影響（以及交易者生理機能對市場的影響）的客觀指標。這部分的學習很有趣。

- 最新「第三波」的心理技術。

- 以古代績效哲學為基礎的實用方法。

這些都是過去幾年我和客戶合作與互動時所參考的重要資訊來源。

根據我個人的經驗，這件工作的最大收穫，莫過於幫助別人在「市場交易」這種瞬息萬變、挑戰重重的工作或興趣實現最大的潛力。世界上當然不可能有任何一

位績效教練能與每一個交易者合作，但這本書能讓我有機會成為你可以選擇善用的資源，透過它分享我在幫助其他交易者和操盤手時的所見所聞。

必須是特定種類的交易者，才能受惠於這本書嗎？

就算你不是特定種類的交易者，一樣能從本書受惠。

我曾和全球各地形形色色的交易者和操盤手合作，包括剛起步的交易小白，也包括經驗極端豐富、在各種市場以各種不同策略操作得非常成功的「市場巫師」級操盤手。所以，本書的內容是為了所有交易人士而寫的。

我相信這些內容對一般投資朋友也一樣攸關重大。一般投資人或許不會遭遇和操盤手一樣緊繃且定期發生的那種情緒或心理挑戰——畢竟進出市場的頻率不同——不過，這兩種人的經驗並非完全沒有相似之處，尤其是在下跌時期，或是波動性居高不下的時刻；而在我們這個時代，下跌或高波動性十分常見。

本書的結構

這本書分成九部，共有二十五章。我們將在前幾章說明「防彈交易」（bulletproof trading）的基本概念，再細述個中的具體策略和技巧，期待能夠幫助你：

- 堅定採取行動。

- 認識你的價值觀，釐清你想成為怎樣的交易者。

- 妥善管理風險。

- 接受不確定性。

- 做好最壞的打算，並且因此順利安度最糟的狀況。

- 訓練專注力與覺察的能力。

- 聚焦在你的操作過程。

- 控制「可控制」的事物。

- 澹然面對不安感。

- 擺脫負面想法。

- 妥善處理因內在壓力而起的各種情緒。

- 建立信心，應對艱困的處境。

- 在關鍵的市場時刻保持冷靜。

- 避免苛責自己。

- 從困境中找出機會，化逆境為優勢。

- 善於通權達變，彈性應對市場變化。

- 監控你的內在壓力與疲勞指數。

- 成為恢復藝術的大師，培養韌性、維持績效。

- 培養你的生理適能，強化韌性。

　　我已盡可能將這本書打造成一本從頭到尾都實用的書籍，在書中納入了許多練習，這些練習一方面是要解釋相關概念，一方面則要幫助你培養防彈交易者所須具

備的必要心理、情緒與生理技能。這些練習和本書傳授
的技巧，都有實證為憑。我也是用這些練習和技巧來強
化個人操作成果，以及輔導我的投資圈客戶。

　　很多人在閱讀書籍時，很容易略過書中的練習和活
動，我當然能夠理解這點，但我還是強烈建議你，盡可
能花一點時間完成本書的練習和活動，並且多多練習。
唯有如此，你才能獲得這本書的完整利益。

第一部

防彈交易的
操作本領

1

為什麼需要防彈交易？

「我想練就一身防彈技能。」

2014年9月的某一天，我坐在倫敦西區一家避險基金公司的會議室裡，為一名新客戶進行一對一指導，他正是這家避險基金公司的創辦人。他是非常成功的操盤手，多年來都維持相當優異的績效紀錄。那一天，我穿著我的「制服」——襯衫和休閒褲。坐在會議桌另一端的他，則是穿著短褲和polo衫；他在桌上擺著記事本和筆，一副隨時準備記重點的樣子。

一開始，我們稍作寒暄，主要是聊聊那個週末的足球賽事結果，接著我準備提出我的第一個問題。我到這裡的目的，是要更深入了解這名操盤手的狀況——他的主要生平概況、操作歷史、操作風格與策略——以及他希望透過這套教練課程獲得什麼樣的成果。

我問：「你希望達成什麼成果？」

他說：「能夠以非常鎮定的態度，因應我的操作績

效與成果。」

我問：「你為什麼會選在此時此刻接受我的輔導？」

他說：「我從未有過績效長期不佳的狀況。但我心知肚明，就統計而言，那一天遲早到來。所以，我必須先做好應對那個狀況的自我準備。我要確保自己擁有處理那種事件的技能。我想練就一身防彈技能。」

我問：「你怎麼知道你已經……練就一身防彈技能了？」畢竟，我從未聽過有人在這類話題中使用這種形容詞句，我有點搞不懂他的意思。

他說：「我想，我的負面想法或許會少一點。平常我對自己先前做出的決策有時候會一直糾結，尤其是導致我虧本或沒有賺到錢的那類決策。我可能是個完美主義者吧？每當我失敗，就會忍不住老是想著那個失敗，即使明知道那樣於事無補。有時候，我會無所事事地呆坐著，不斷喃喃自語，罵自己是個「ＸＸ的大白痴！」我的情緒偶爾會變得非常負面，有時候甚至會感覺非常沮喪。總之，交易偶爾會讓我十分心煩意亂。」

我問：「那麼，練就一身防彈技能的好處，又是什麼？」

他說：「我想，最終我能一直留在市場上，不會被淘汰出局。我熱愛我的工作，還想再做很多年。我不希望因為某個負面事件，從此被逼得退出這個戰場。我希望在我碰到不怎麼順利的狀況時，能夠澹然以對，改變我的某些想法以及內心的感受。」

接著，我們繼續更深入定義「防彈」對他而言的意

義——確認「防彈」在怎樣的特定情境下可能有用，研究什麼樣的行為能讓他「防彈」。我們探討了他在操作生涯中曾經面對且成功克服的某些艱難處境。我們先釐清他目前的「防彈」能力有多強，這對後續的安排很重要。任何長期從事市場交易的操盤手或基金經理人，勢必都已培養了某種程度的韌性，才能迄今仍然屹立於各自的操作崗位，即使他們感覺自己正處於危機之中。

在接下來的十二個月，我為了協助這位頂尖操盤手增強他應付艱難操作處境的能力，研擬了一系列的策略。在那段合作期間，我們算是相當「走運」，因為當時發生了幾起對他的操作成果造成極大負面衝擊的重大市場事件。那些事件就像是絕佳的試金石，讓我們有機會試煉我們共同研擬出來的方法。

我們的合作項目包括：

- 學習在挑戰來臨之前預見那些挑戰，深知事先做好規劃的重要性。

- 培養接受的能力——接受你的處境，以及你在那個處境的經驗。

- 如何在艱難的時期，妥善管理個人心智以及因情緒而起的想法。

- 了解覺察的重要性，以及我們如何看待一個局勢的方式，影響了我們對那個局勢的反應或回應。

- 有能力在挑戰中看見機會。

- 有能力平靜面對最糟的狀況。

我們做了一些簡單的冥想正念練習，提升覺察當下的能力，共同努力變得更客觀、減少情緒反應，變得更鎮定。

我們還利用生物回饋做了一點練習，包括學習能夠提高他的神經系統強度的技巧，好讓他比較不會因為內在壓力上升，變得太容易做出被動反應，尤其是會衝擊到正確決策的被動反應。

總之，我們共同開發出一套廣泛、龐大的工具組合，大大提升了他在市場上的「防彈能力」。重要的是，他努力利用這些工具，勤於練習這些技能，最終獲得遠遠超出他最初期待的更高操作韌性。

他得以實現這個成果的重要原因之一是：他投注了許多時間和精力，養成一身讓他變得「防彈」的交易技能。我相信，市場上的每一個交易者，也都能做到這一點。

輔導操盤手

過去逾十五年來，我指導、訓練過成千上萬名散布在全球各地的操盤手和基金經理人，他們分別在銀行、投信、原物料貿易公司、資產管理公司、自營部門與公用事業任職，也有一些是在家裡操作的個人操盤手，這是非常幸運的經驗。

簡單說，我的角色就是協助客戶發揮最佳操作績

效，為他們提供風險承擔、決策制訂、達成與維持優異績效等議題有關的指導、訓練和建議。我引用心理學、生理學、行為科學、神經科學、運動高峰表現（peak performance）、決策科學，以及近年才開始的哲學領域的研究與實務來進行這件工作。不僅如此，我持續留意對實戰型市場操盤手真正有幫助的做法。就這樣，我開發出一套課程，融合了績效科學與教練技藝。

某些客戶——大約占總數的20％至30％——是因為績效一帆風順，希望能夠長期維持那種優異表現，甚至更上一層樓而找上我。換言之，這些優秀的操盤手，是為了進一步成為最頂尖的操盤手而找上門來的。

然而，大多數的人則是為了尋求支援才來找我。他們來找我時，都正在遭遇某種市場挑戰，可能是操作成果變得很差或停滯、某種心理上的不安（也許是想法或感覺），或是某種不舒服的生理反應，例如：沉重的壓力或揮之不去的疲勞感等。

從這裡可以看出幾個重點：首先，它反映了人性，以及我們的負面偏誤（negativity bias），也就是對負面訊息比較敏感，對正面訊息比較習以為常。第二，它反映出操盤手太容易因為自身的損益而產生被動反應，尤其是面對「損失」的部分。第三，它反映出市場交易活動對心理與生理造成嚴峻的挑戰和要求。

艱困時刻

在2008年以前，我在交易與投資方面的教練工作設計，絕大部分是以追求最大報酬與提高績效為中心，也就是設法協助交易績效從A到A$^+$。

當時，一般人愈來愈意識到，良好、正確的操作與投資心理，能夠創造一種績效優勢，也有愈來愈多操盤手和基金經理人積極探索是否有可能獲得這項優勢。在金融危機過後，那種凡事以提升績效為重的態度還是沒有改變，但是另外的主題漸漸變得備受關注，包括如何妥善管理內在壓力、如何在外來壓力下創造績效、如何應付挫敗、如何應對挑戰與變化維持績效等。換言之，「韌性」變得備受關注。

從那些年迄今，這個現象變得更加鮮明。裁員；監理規定改變；縮編；維持不變或甚至增加的目標，但預算沒有增加，可用資源甚至減少；資訊超載；新技術不斷出現；市場結構變化與演進；乃至一場全球大流行的傳染病等；種種因素同時出現，使得交易者面臨愈來愈嚴峻的要求──一如某家銀行的負責人向我形容的：「一大堆狗屁倒灶的事湊在一起。」

某些和我合作過的操盤手面臨的挑戰是相對短期且隨處境而定的挑戰，某些則是面臨較為漫長且難以即刻解決的挑戰。不管面對哪一種操盤手，身為績效教練輔導角色的我，都擁有雙重任務。

　　首先，我必須成為他們的支援，成為他們能夠託付的人。我要能夠用心傾聽他們述說自己遭遇到的挑戰，他們要能夠對我反省自己的所作所為，我也要能夠在必要時為他們提供建議與引導。

　　其次，我必須協助他們培養克服當前種種心理、情緒與生理挑戰的具體技能和策略，這些技能和策略將來當然會成為他們的心理與生理「彈藥庫」中額外可用的工具。我希望透過這本書能夠為你提供的就是這第二項協助，幫助你培養出「防彈交易」的本領。

你為什麼看這本書？

　　每當有操盤手或機構向我探詢合作意向時，我總是想了解他們是基於什麼因素來和我接洽。

　　促使操盤手尋求我的指導的一些因素包括：

- 剛開始操作生涯的操盤新手，希望我能夠支援他們，培養足以因應市場操作挑戰的強韌心態和心理技能。

- 正發生鉅額虧損，希望找人協助應對這樣的經驗，以期有效復元。

- 陷入資產淨值回落／虧損期，希望有人能夠支援他們度過難關。

- 缺乏信心；無法在正確時機出手，或是無法承擔感覺自己理當有能力或應當承擔的風險水準。

- 需要有人支援他們管理某種型態的變化，也許是操作風格的變化，或是投入新金融商品操作等變化。

- 管理操作實務的需要，以及市場操作以外的日常生活需要。

- 希望我協助他們培養能以沉著的態度，管理重大市場時刻的能力。

- 想要學會更能自在應對市場的不確定性與不明朗的情勢。

- 管理諸如恐懼、憤怒、沮喪、悔恨和焦慮等情緒。

- 強化交易執行的紀律，保持一致性。

- 希望我協助他們管理體力，包括降低疲勞程度、克服虛脫感與身心耗竭的問題。

- 有效管理耐性不足的問題，包括如何應對交投較清淡、波動較遲緩的市場，克服純粹因為無聊而操作的問題，或是減少過度操作等。

- 因為操作失誤、虧錢或犯錯等陷入痛苦。

- 發現自己難以連續維持成功操作的紀錄，抱不住贏家型的獲利部位。

在你繼續閱讀下一章之前，我想請教你一個問題：你為什麼要看這本書？你是基於特定理由看的嗎？你希望從這本書獲得什麼？

2

防彈交易的框架

關鍵必要條件

很多人常常問我,要成為一個成功的操盤手,必須具備哪些關鍵的必要條件?我的答案是,絕對關鍵的要素之一就是:管理高潮與低潮的能力,尤其是低潮。

這種能力可被稱為「韌性」、「心理素質」或「抗壓性」,在這本書中,我決定一律採用上一章提到的那位避險基金客戶的用語:「防彈」。

> 「卑微與缺乏才幹之人的成就是不請自來的,只有偉人才擁有戰勝人類生活中諸多災難與恐慌的特質。」
> ——塞內加(Seneca),古羅馬斯多葛派哲學家

防彈交易的四大基礎

多年來,各方不斷想方設法,深入研究要如何獲得在內在壓力與外在壓力夾攻下,持續創造績效與在高風

險環境中應對績效高潮與低潮的能力。現在的專業操盤手已經能從軍隊、精英運動員、執法者和表演藝術工作者等的研究結果和實務中受益，我將那些研究結果和實務技巧全部融入這本書。

我的工作是協助在各種市場上交易的客戶，培養管理操作挑戰與困難的能力。就這項職務而言，我受到很多不同領域研究的影響，那些領域大致上可劃分為四大主題：心理學、生理學、哲學，以及最重要的第四項要素──實用主義（pragmatism）。我相信，要創造最優異的操作績效，成為不受市場各種流彈波及的防彈交易者，這種多元學科訓練的方法是必要的。

防彈交易的框架

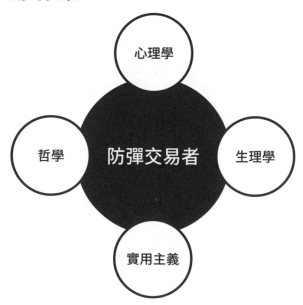

1. 心理學

交易心理學借鑑了非常廣泛領域的研究與實務，包括決策科學、行為財務學、績效心理學、認知心理學等領域。本書融入了許多來自這些領域的意見，不過就這個心理架構而言，我特別著重情境行為科學（contextual behavioural science）與心理彈性（psychological flexibility）的培養。

培養心理彈性是接納與承諾輔導（Acceptance Commitment Coaching）的目標，這項輔導是從接納與承諾療法（Acceptance Commitment Therapy, ACT，發音同act這個單字，而不是唸作A.C.T.）衍生而來的。該療法最初由美國內華達大學的心理學家史蒂芬・C・黑茲（Steven C. Hayes）率先開發，ACT是第三波認知心理學（third-wave cognitive psychology），它和諸如認知行為療法（cognitive behavioural therapy）等其他認知法不同，因為它的根本目標不是要改變或控制無用的想法、情緒或感覺，而是要覺知這些想法、情緒或感覺，並且接受這些想法、情緒或感覺，但在此同時，繼續明確聚焦在行動上。

ACT不是聚焦在你的想法與情緒的具體內容，而是較為聚焦在你所處的情境，還有你的行為在某個具體情境下的作用（包括益處或可行性），乃至於你如何對你個人的想法、情緒、感覺與衝動等產生共鳴。

以ACT為基礎的方法，已經幫助民眾改善他們在運動、西洋棋、音樂與工作等方面的績效，[1] 包括緩和內在壓力與提高韌性等。ACT也是我的操作心理模型的核心環節之一，我相信一個能夠培養心理彈性的操盤手，將能持續專注在操作流程，因此獲得非常正面的影響。心理彈性能夠幫助操盤手管理可能會導致他們偏離操作流程的想法、情緒、感覺和衝動。

除了聚焦在心理彈性的培養，我也引用了許多和培養抗壓能力[2] 與心理韌性[3] 有關的研究與實務技巧。其中，我特別聚焦在下列幾項核心要素：

- **承諾（Commitment）**：對你從事目前工作的理由，懷抱著某種宗旨意識，有紀律地積極採取行動。

- **控制（Control）**：主要了解一個人的控制點（locus of control）傾向，這包括內部控制傾向與外部控制傾向，即一般人是否相信自己有能力影響對各事件的回應方式。能夠辨識你「能夠控制」與「無法控制」的事物，是一項關鍵技能。

- **挑戰（Challenge）**：將改變視為成長的機會，願意努力克服挑戰與困難。

- **信心（Confidence）**：感覺你能夠應付困境與挫折，能夠從中看見機會，把握機會。

2. 生理學

防彈交易的框架的重要一環是了解：當我們處於顯著的內在壓力下，生理機能會對我們創造績效的能力產生特定的作用。

所有交易者可真正受益於生理學層面的某些關鍵領域，包括：

- 我們能從自身的生理變化，例如：呼吸次數、心跳數等，察覺到體能狀態的改變，特別是壓力反應與活力水準。

- 在壓力反應過高、可能影響到決策時，主動意識到調節壓力反應的需要。

- 學習各種策略，培養你應對壓力反應的生理韌性，也就是提高你的抗壓能力。

- 管理你的內在壓力與復元的平衡能力，如此才能強化你的生理肌肉、減輕疲勞，長期維持優異績效。

3. 哲學

在寫這本書時，我對斯多葛主義（Stoicism，禁欲主義）的哲學和實踐，乃至於它在協助專業操盤手應對市場操作挑戰方面的潛在應用愈來愈感興趣。

斯多葛主義是由西提姆的芝諾（Zeno of Citium），在西元前三世紀初的希臘創立的，西提姆位於當今的賽

普勒斯（Cyprus）南部。芝諾是一位商人，他在一次船難中失去一切。為了再造他的人生，他開始訴諸哲學。後來，他在一座柱廊下講學，他的學校就被後人稱為「斯多葛」（Stoa，即「門廊」的音譯），由此產生了斯多葛主義的名號。

　　我最初是在閱讀萊恩・霍利得（Ryan Holiday）的《轉個念，障礙變道路》（*The Obstacle Is the Way*）一書後，[4] 發現了將斯多葛主義應用到我的操盤手輔導工作的好處。這本書將具有兩千多年悠久歷史的斯多葛主義原則和實務融入一份現代文本，期許能夠協助一般人「化逆境為優勢」。這本書早已是運動員、教練，以及高競爭性或高風險環境從業人士之間的熱門讀物。

　　霍利得在一篇討論美國國家美式足球聯盟（NFL）的斯多葛主義相關文章中提到：「作為一門哲學，斯多葛主義實際上和心理對策有關。它不是一套道德學或哲學，而是一系列為了協助民眾度過生活困境而設計的心靈練習。」[5]

　　對很多人來說，表示斯多葛學派主張禁欲、堅忍的「stoic」一詞，意味著即使面對逆境也不情緒化。但這是現代人不精確的錯誤解讀，斯多葛派人士並非偏好凡事無動於衷，他們偏好設法管理並減輕無益情緒的影響。

　　斯多葛主義的本質，是一套健全且非常實用的行動導向哲學，旨在協助一般人培養可管理生活上種種難事的技能，鼓勵一般人聚焦在「能夠控制」的想法與行

動。如果你無法控制某件事，就必須接受。關鍵是要對你的回應方式負起責任，時時刻刻表現出最好的自我。

這對所有交易者來說，都是非常強大、不可或缺的技能。

4. 實用主義

本書討論的科學很實用，建議的策略也對現實世界的各種操盤手很有幫助，這些策略能夠真正應用到實際的操作環境中，而且是真的可行。研究很重要，也很有趣；但現實世界的市場，才是真正能夠檢驗效用的競技場。

我將這本書討論的所有技巧和策略應用在自己客戶的身上，包含成千上萬名專職操盤手和基金經理人。事實證明，這些技巧和策略成效良好。我也用這些技巧和策略來輔導範圍更廣的操作、投資與銀行績效圈人士，例如：業務和研究團隊，成效一樣良好。

曾經接受過指導的人的反饋，成了這本書的寶貴參考資料。我已盡可能在書中分享他們的反饋，並且提供範例型的個案研究，說明這些技巧和策略在現實世界的應用。

如何充分利用這本書？

我希望這本書能夠成為一份實用資源，不只是一份科學文本。書裡有非常多的練習和活動，請你抽空確實完成這些練習和活動，這樣才有機會最佳化本書對你的

操作績效的影響。

我知道,這件事知易行難。關鍵是先開始聚焦在你真正想要獲益的一、兩個領域,最初你或許可以只針對那些領域採取堅定的行動。這麼做,將對你和你的操作帶來顯著的差異,而且能讓你更容易做出進一步的改變。

以慢跑為例,你可以盡量閱讀、學習和跑步力學與訓練理論有關的題材,但若你想要真正變成一名慢跑高手,就必須實地去跑才行。

總之,要實現績效,行動是最重要的。

> 「也因為如此,哲學家總是警告我們,千萬別滿足於單純的學習,必須加入實踐,接著還要接受訓練。因為隨著時間流逝,我們會遺忘以前學會的事物,最終從事相反的行為,並且抱持與應有想法相反的意見。」
> ——愛比克泰德(Epictetus),古羅馬新斯多葛派哲學家

保持開放的心胸、維持好奇心,以一種「實驗」的心態來應用本書介紹的策略和技巧。我長年投入績效強化領域,我認為績效能否強化,與自我實驗非常有關。

當你直覺感受到某個策略或技巧可能有助於改善你的績效,便應該著手測試、調整、改良那個策略或技巧,如果行不通,就將它束之高閣便是了,再試試其他不同的策略或技巧就好了。

未來的你：成為防彈交易高手

經過日常生活和操作經驗的歷練，你終將達到某種程度的防彈狀態。或許你認為你現在的很多做法已經非常有幫助了，即使如此，也請你敞開心胸來看待本書的建議，因為本書的目的不是要取代你原本已經很好用的做法。我鼓勵你，多多留意可以嘗試新方法的機會，即使在你一帆風順的領域也是，並以這樣的心態閱讀這本書。

畢竟，世界上沒有屢試不爽一直都對的方法，招數用久了，總有失靈的一天。

請你設想一下，作為一名交易者，未來的你會是什麼樣貌？你會變得更有韌性，更有能力處理市場操作所帶來的挑戰與要求。屆時的你，會有什麼不同？你會注意什麼事物？你會採取什麼行動？你會有什麼樣的感覺？你會有什麼樣的想法？

讓你有機會蓬勃發展，成為一個比目前更有意志力、更強大、更沉著、更有韌性的交易者的機會在哪裡？

訓練你的心智，快速適應各種環境

我花了很長的時間，才終於確定這本書的組織和內容。在交易領域，完美主義是很危險的；相同的，在寫作領域，追求完美可能同樣令人疲於奔命。不過，我的目的並不是要告訴你該做些什麼，而是要協助你發展一個穩健的框架，這個框架包含對交易最有幫助的相關強

大技能和實務技巧，涵蓋心理、情緒和生理等領域。

　　這是真正能夠協助你有效應對市場上隨時會出現的操作挑戰與要求的框架。

> 「這麼一來，你一定會了解『告訴我要做什麼！』的說法有多麼可笑。我怎麼可能提供什麼確切的建議呢？切記，更好的請求是『訓練我的心智，讓我的心智能夠適應任何環境』……這麼一來，就算環境導致你脫稿演出，你也不會絕望地到處尋求新的提示。」
> ——愛比克泰德

每個交易者都是獨一無二的，市場上的每個時刻也是獨一無二的。對某個人可行的，不見得對另一個人行得通。隨著你繼續閱讀這本書，我鼓勵你持續反思這個問題：

• 「這對我個人的操作可能有幫助嗎？如果有幫助，我可以在什麼時候應用？如何應用？」

第二部

起起落落

3

交易的本質

在開始閱讀這一章以前,請你花點時間想想下列這兩個問題:

- 在市場上交易時,你遇到什麼挑戰和要求?
- 你必須更善於什麼事,才能夠善加應對那些挑戰和要求?

交易是一種高效能活動

2005年2月,我生平第一次跨進交易大廳。那一天是那個月的第一個星期五,也是美國非農就業人口數據的發布日。我後來才知道,那是一個大日子,對專職操盤手來說,那個日子也代表著巨大的市場機會。

　　直到今天，我還是對那項數據發布前那幾分鐘的氣氛記憶猶新。交易大廳內，總數超過整整一百名的證券交易員一個個魚貫地回到自己的座位上，正襟危坐，準備應對即將宣布的數據。接著，交易所內部的分析師開始倒數計時──「一分鐘」……交易大廳的吵雜聲與肢體推擠漸漸平息……「三十秒」……現場所有人聚精會神、一片沉寂……「十秒」……一股期待、渴望的感覺，以及腎上腺素與活力明顯上升的氣氛混雜在一起……「五秒」……

　　接著，跑馬燈上出現了美國非農就業人口的數據。現場的活動、噪音與情緒頓時爆發，即使是在短短幾秒內，都明顯可見很多證券交易員在那一瞬間承受了巨大的內在壓力，並且被隨著壓力而來的情緒籠罩。

　　接下來的幾個小時，我見識到了市場操作可能帶來的高潮與低潮。某些操盤手賺了一大票，某些不賺不賠，某些人時運不濟，當天損失慘重。那是我和市場操作的第一次接觸，我已深刻體悟到，專業操作是一種極具挑戰性、壓力龐大，而且經常令人非常緊張的工作。隨著我和愈來愈多專職操盤手合作，那樣的感受變得更加鮮明。

　　在那之前，我也曾在另一個完全不同的領域，見識過那樣的挑戰性、外在壓力與內在壓力。

　　在和專職操盤手合作以前，我長年擔任許多精英運動員和團隊的運動心理教練。市場交易無疑是非運動活

動中最接近運動的一項活動，市場交易和精英運動都屬於高效能活動，也因如此，專職操盤手必須在要求嚴苛的環境中有效運作。

交易績效環境

市場交易的核心要求之一，是要在不確定性環伺的情勢下，制定各種風險性決策。風險和不確定性都是壓力源，會活化人類神經系統的壓力反應。行為財務學研究與神經心理學的研究顯示，當我們不得不在那類情勢下制定決策，我們的大腦將面臨非常顯著的挑戰。

人類偏好安逸、確定性與熟悉的人事物；換言之，我們偏好駕馭自如的操控感。

但所有的交易者卻永遠都暴露在「難以控制市場情勢」與「難以控制任何特定交易結果」的情境之下。每個操作決策都會產生某種後果，而那些後果——不僅是財務上的後果，還有心理與生理上的後果——又非處理不可。所有交易者都必須面對賺錢的高潮與虧錢的低潮，都必須面對連續虧損、犯錯與判斷謬誤等；另外，有時即使你遵守了優質的操作流程，最終結果還是不盡如人意，這也是所有交易者經常被迫面對的情況。

有時候，即使你做了所有該做的事，做了充分的準備、執行得當、確實管理風險、保持彈性，最終還是虧錢。

很多決策經常是在資訊不完整的情況下做的，我們有時不得不在相當短的時間內急就章做出一些決策，這

交易者的績效環境

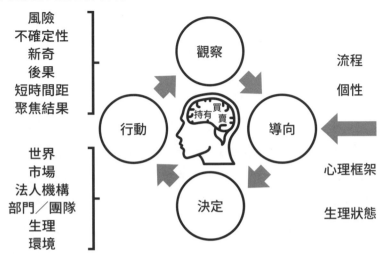

風險
不確定性
新奇
後果
短時間距
聚焦結果

觀察

流程
個性

行動
持有買賣
導向

心理框架

世界
市場
法人機構
部門／團隊
生理
環境

決定

生理狀態

兩種決策都會對認知與情緒造成進一步的傷害。不僅如此，在法人機構任職的專職操盤手，還得承受「達成年度目標」與「服務客戶」等外在壓力；基金經理人更得應付投資人與潛在贖回潮等額外的挑戰。

起起落落

> 「當你賺錢時，交易是世界上最棒的工作。當你虧損時，它又變成世界上最糟糕的工作。」
> ──一名期貨操盤手

我常在交易大廳用「情況如何？」之類的話，簡單地和交易員打招呼。他們很常用「起起落落」來回答我，當情況比較嚴峻時，他們會說：「起起落落，但主

要是跌。」

　　這樣的回答比起其他說法，更一語道盡了操作經驗的酸甜苦辣。在某些比較短期操作的交易者眼中，單一交易日會發生好幾次這樣的起起落落，而在操作頻率較低或長期操作的交易者眼中，起起落落的頻率就會比較低一點。

　　我認識的所有交易者，全都逃脫不了起起落落的歷程。

　　事實上，過去二十年，我曾與一系列高效能領域的頂尖表現者合作，在那段過程中，我總是反覆聽到相同的故事。所以，我相信這是所有追求卓越績效的高效能表現者常有的狀況，這是選擇在嚴苛環境下從事高挑戰性活動的後果之一。只要你在意自己的工作，就會有這樣的結果。

　　如果你不大希望承受內在壓力，最簡單的策略就是學會不要在意。但是，這麼做的缺點是：你可能也永遠無法實現你的最佳成果。

　　這些起起落落的行情，是市場交易經驗——旅途——的主要特色。**透過下跌的低落期，我們才能培養出正確的態度與技能，做好應對未來挑戰的整備。**

　　當然，日常生活本身就充滿了起起落落，市場交易只是某種高度濃縮版本的人類經驗而已。人類天生就是為了應對求生而設計的，正因如此，我們總會產生令人感到煎熬的想法、情緒與感受，但是這樣的設計，也意味著我們終能克服那些想法、情緒與感受。

> 「生活是艱難、殘酷、辛苦、狹隘、時常令人困惑
> 且令人厭煩的事情。」
> ——愛比克泰德

　　交易的低落期可能很短暫，也可能很漫長，所有交易者都需要擁有管理這兩種狀態的技能。內在壓力可能是一種短期的「急性」回應，也可能是長期一直存在的「慢性」回應。慢性的內在壓力會對交易者構成一種額外的挑戰；透過和客戶的互動，我對如何回應這種挑戰，包括如何處理疲勞感、虛脫感，乃至於最極端的身心耗竭，堪稱經驗豐富。

　　內在壓力與疲勞，是導致交易者優質決策能力降低、難以創造最佳績效的最主要因素。兩者都會導致交易者過度側重短期成果，強化交易者的風險趨避傾向，

操作獲利與虧損的生物心理學

	賺錢的操作	虧損的操作
大腦	尋求報酬的迴路被啟動	規避風險的迴路被啟動
荷爾蒙	睪固酮	皮質醇
情緒	興奮	恐懼
感覺	歡愉	痛苦
風險	追求風險	趨避風險
偏誤	過度有信心、非理性激昂	信心不足、非理性悲觀

增強偏誤傾向，降低自我控制等認知功能。想要成為防彈交易高手，最根本的要求是累積可抵銷壓力反應與減輕疲勞程度的資源，以提高生理能量。

從一份我對操作圈客戶所進行的調查，可以發現交易者平日面對了許多不同的壓力源。我將這些壓力源的例子條列如下，其中某些例子還附上了專職操盤手回覆的說法。請你想一下，你目前正受到下列哪些壓力源所苦？

- 應付虧損與資產淨值回落。

  「2017年7至8月間，我因為持有曝險高得荒謬的一系列部位，虧掉了一整年的利潤。我沒有好好處理我的損益，完全沒有。」

- 市場的不確定性。

- 波動性。

- 錯失大好的操作機會。

  「我實在受夠我自己了！市場已經給了『最清楚的明示』，但我卻瞻前顧後，到頭來沒有建立任何部位，還持有與市場反向的部位。」

  「眼睜睜看著其他人基於共識，採取一致的行動、獲得良好的表現，我只能在一旁乾瞪眼，因為我的操作立場和他們背道而馳。這個局面讓我一開始就基於沮喪和憤怒進行操作，當情勢繼續對我不利時，我便陷入恐慌。」

- 期望、壓力。

- 對於如何賺錢、下一筆損益將從何而來等，感到憂心忡忡。

「今年年初迄今的損益，並不那麼讓我感到坐立不安，真正讓我擔憂的是『接下來要去哪裡賺錢？』的感覺。經歷一系列連續的虧損操作，好幾天、好幾週，讓我忍不住開始想，我還可能從市場賺進任何一毛錢嗎？在這一年的某些時刻，我曾經只是表現平平或甚至虧本，但我還是感到極度樂觀，因為我認為策略非常正確。我曾有半年的績效非常優異，但接下來一段時間卻非常背，讓我不由得這麼心想：「我真的已經江郎才盡了！再也想不出該如何改善年初迄今的績效了。」

- 判斷錯誤。

- 因某些部位飽受批評或奚落。

「當我持有相對大且明顯違例的部位，我可能會把所有的心力全都投注在那一項讓我心心念念的部位，結果忽略了其他機會。」

- 未能達成年度預算和目標。

- 其他人的成果比你好。

- 市場冷清、無趣。

「所有人都預期將會出現什麼訊號，也都已經採取行

動。此刻對我來說，主要的問題是要怎麼處理我的
缺乏耐性，因為那已經影響到我的決策流程。」

- 持有隔夜部位。
- 重大風險事件。

「最讓我感到有壓力的操作局勢是諸如英國脫歐、歐
洲重大選舉等大型風險事件。那讓我感到有壓力的
主要原因是，你本來就對自己應有的表現抱著某種程
度的期望，由於那些局勢導致波動性上升，不管你的
表現如何，你總是傾向感覺自己理應表現得更好。」

- 投資人贖回。
- 因為流動性，無法依照原本的規劃執行交易。

「想在資產淨值回落期間降低部位規模，卻無能為
力。這在流動性（買賣資產的能力）可能瞬間消
失無蹤的信用市場，是個無可迴避的問題。你明知
道自己想要進行哪些操作，卻沒有能力進行那些操
作，這是比虧損更讓人感覺有壓力的經驗。」

- 監理規定。
- 犯錯。
- 大型部位。
- 在市場上持有多元部位。

「對我來說，最令人感到有壓力的處境就是操作規模

過大，或是同時操作太多商品時。」

- 經營團隊與領導者的干預。

- 職涯風險。

- 在市場交易與生活承諾之間取得平衡。

「除了要應付令人壓力沉重的特定風險事件，我個人認為，其次最具挑戰性的經驗是：如何在持續戰鬥之餘，以平衡的強度兼顧操作以外的承諾。一旦碰上波動性上升的時期，我必須投注非常多心力管理我自己的操作帳戶，這時常讓我感覺沮喪、心煩意亂，最後落得所有事情都做不好。」

- 資訊超載。

- 外來分心因素。

- 疲勞感、虛脫感與身心耗竭。

這些就是所有交易者都可能面對的眾多壓力源清單。從這份清單可以看出操作環境的複雜本質，當然不是每個交易者都會經歷所有的壓力源，每個人的壓力反應也各有不同。不過，根據我的經驗，這些是極具代表性的壓力源，也是我特別想要透過這本書協助你應對的壓力源。

交易者必須具備克服這些局勢的心理技能和生理能量，才能發揮個人的最佳操作本領。

4

善於應對下跌時期

虧損的痛苦

想像一下，有人邀請你對擲硬幣的結果——正面或反面——下注。如果你押錯注，可能損失100元。在這個情況下，押對注要賺多少錢，你才願意參與這場投注？

這是行為財務學研究的常用問題之一，我經常在交易心理學專題討論會上，問與會者這個問題，最常見的答案介於101元至300元。在光譜的某一極端，造市者（market makers）、投機操作者、高頻交易者的答案是101元，因為他們期待能夠藉由多次投注來獲取較多利潤；在光譜的另一極端，風險報酬比為2:1或3:1的趨勢型交易者的答案，則是介於200元至300元。

偶爾有些人回答500元，也有零星的人回答1,000元。

針對風險趨避傾向所做的研究顯示，在這個例子裡，若押對注能夠贏得200元，一般人就會願意姑且試

一下手氣。[6]換言之，他們希望以200元的潛在利潤，抵銷虧損100元的風險。也就是說，為了抵銷每一元的痛苦，需要兩元的快樂，意思就是：**虧損的痛苦是贏錢的快樂的兩倍。**

贏錢的快樂和虧損的痛苦兩者呈現不對稱的關係，這個不對稱關係與人類大腦對負面偏誤，乃至於我們因內在壓力而產生的求生情緒強度，某種程度上足以解釋為何交易的低迷期可能讓人感覺那麼痛苦。

我們應該設法處理這種痛苦，這點很重要。

我最近和一個多年前曾經接受我輔導的專職操盤手一起喝咖啡，如今的他已經離開操作圈。我們聊到當年他賺錢時的操作和生活有多麼令人驚嘆（「你簡直天下無敵！」），也談到他操作不順時，日子有多麼難熬。他告訴我，在整個職涯中，他好幾次因為業務陷入痛苦掙扎。他直言，當時他的情況，遠比我所知道的還要糟糕許多。

他不僅曾經嚴重虧損、失去信心，不再能夠相信自己。有好幾次，他甚至在通勤返家途中，站在車站月台邊想著：「如果我跳下去會怎樣？這一切有多快結束？」

如果交易是一門功夫，絕對非常難以精通，交易者需要能夠駕馭自己的心智和肉體。想要變得「防彈」，就要能夠在操作的各種短期內在壓力下倖存，並且要能夠長期留在場上戰鬥。

我偶爾聽到有些人把交易比喻為舞蹈，實際上，它比較像是摔角比賽。畢竟，你的舞伴不可能把你過肩

摔，壓制在地板上，不可能把你壓得死死的，逼你屈服。

> 「生活的藝術更像摔角，而非舞蹈，因為在機緣巧妙的生活當中，你隨時都必須做好準備，迎接與承受突發性的意外攻擊。」
> ──馬可・奧理略（Marcus Aurelius），羅馬哲學家皇帝

心理堡壘

「我曾有兩次在短短的時間內，虧掉一整年的利潤。一次是在我還非常沒有經驗的情況下，當時我只是個天真無知的小白，手上持有過高的隔夜市場部位。那個晚上，某條油管突然破裂，促使市場急速飆漲，結果等到隔天早上一覺醒來，我手上的鉅額放空部位讓我損失不貲，等於一整年都做了白工。另一次則是發生在我比較有經驗時，那次的問題是出在我過於頑固，對手上的部位過度有信心，結果未能好好管理風險。就金錢損失來說，第二次對我的打擊遠比第一次的大，而且遠比第一次的難受。我原本對那一年懷抱非常高的期待，情緒非常高昂……那次的打擊讓我從雲端跌落塵凡，從此認清市場的本質。兩次經驗都讓我變得更謙卑。」──一名原物料商品操盤手

你是否做好心理準備，隨時應付交易的挑戰與困難？你是否擁有足夠強健的心理框架，能夠妥善應付虧損、犯錯、錯失機會、恐懼、焦慮、不確定性、內在壓力、資產淨值回落、贖回、變局、不良結果等情況？

如果你的答案現在是「否」，不用覺得丟臉。我們

並非天生就做好準備應付逆境,這樣的能力是透過一生的生活經驗慢慢培養而來的,是鍛鍊出來的能力。斯多葛主義者體察到我們有必要為逆境做好準備,發展出一種聚焦在為即將到來的挑戰做好準備且強化戰力的哲學,一種思考方式與(更重要的是)做事方式。從很多方面來說,這些遠古時代的哲學家就像心理運動員,認真培養自身的心理力量、彈性與耐力,隨時準備好面對人生的挑戰。

他們談到了「心理堡壘」:「你內心的要塞,任何外在逆境都無法瓦解的要塞。」[7]

我把這個心理堡壘當成一座心理要塞,這座要塞是以能夠幫助你有效管理逆境的技能和實務做法建構而成。這座要塞並非天生就有,是透過你的生活和操作經驗一點一滴累積而來。想在各種市場上防彈交易,你需要建設、強化你的心理堡壘,而本書的每一項練習與技巧,都是進一步鞏固這座心理要塞的機會。

請自問:

• 你的心理堡壘目前是什麼狀態?

• 你已經開始著手建設你的心理要塞了嗎?

不怕虧損

　　你無法消除交易可能的風險，負面經驗是這個戰場上的一部分，只要你從事交易活動就一定無可避免會遇到。所有交易者偶爾都會經歷內在壓力，產生十分難熬的想法，體驗無用的情緒與不安的感受。當你進行交易，你就承擔了風險，自然而然會感受到一些內在壓力。

　　你的目標是要變得善於應付內在壓力，妥善應對處理下跌時期的一切。要學習應付棘手的市場局勢，最有效的方法就是實際參與。

　　唯有置身在虧本的操作、忍受資產淨值回落期，從犯錯、錯失的機會中復元，經歷恐懼、應付過瞬息萬變的市場情勢，你才能夠發展出適合自己、足以妥善應對那些情況的技能和策略。唯有真正置身於讓人倍感壓力的事件當中，你才能將自己的生理機能訓練到能夠忍受因壓力而起的身體反應。

　　如果你在從事交易時，總是極力迴避有壓力或困難的情勢，你可能永遠無法培養出應對那些局勢的心理或生理能量，當然也無法完全實現你的操作潛力。

　　「『在強風吹颳下依舊屹立的樹木，才會變得更根深蒂固』——強風的搖晃和拉扯，會讓樹根更緊緊抓住地面，更牢固地向下扎根——豪雨和強風對好人是有益處的。」[8]

　　成為防彈交易者，並不是要迴避或擺脫交易壓力或不安，真正的目標是要變得能夠善於應付那些壓力與不安。

請你花點時間想想，在你的交易生涯中，曾經出現下列狀況的時刻（或是在某個人生事件出現這些狀況的時刻，如果那更為適用的話）：

- 成功走過一段艱困時期。
- 從某個凶險的處境、挫折或虧損中東山再起。
- 相對輕鬆地度過一段艱困時期。
- 刻意挑戰自己，走出舒適圈。

就這每一個局面，請你自問下列這幾個問題：

- 你當時是怎麼度過那個時刻的？
- 你展現出什麼樣的特質、優勢或態度？
- 你使用了什麼技能？
- 你從中學到什麼教訓？

這項練習是非常好的提醒，提醒我們，經驗幫助我們變得防彈。因此，我們協助你改善操作成果的工作，將會聚焦在行動上，而不是教你設法規避。

「如果沒有獅子、九頭蛇、雄鹿或野豬，也沒有野蠻的犯罪事
件足以摧毀這個世界，你認為赫丘利（Hercules）*將會變成
什麼模樣？如果沒有諸如此類的挑戰，他能有什麼搞頭？」
——愛比克泰德

---

* 羅馬神話中的大力神。

第三部

承諾

5

處事心態

你的操作心態

> 「你能控制你應對事件的態度，但無法控制事件本身。就事物
> 的本質來說，所有事物本身都不是災難。即使是死亡，也只有
> 在我們恐懼時才顯得可怕。」
> ——愛比克泰德

你的心態是你的信念、知覺和各種常規的集合。你的心態反映了你對自己、對這個世界與對他人的看法。你的心態也會形塑你對天地萬物的看法。就操作而言，你的心態將決定你對諸如市場、風險、不確定性、金錢、賺錢、虧損和錯誤等的看法，而這些看法會反過來左右你的心態。

你的心態在個人操作經驗中發揮的作用力

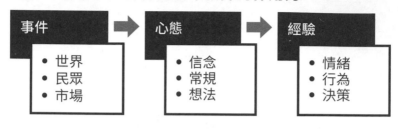

事件
- 世界
- 民眾
- 市場

心態
- 信念
- 常規
- 想法

經驗
- 情緒
- 行為
- 決策

　　一個人的心態，是從他一出生就開始發展的，會受到個人經歷和遭遇到的環境影響。換言之，你的心態會受到家庭、學校生活、日常生活、朋友圈、運動、習慣、進修教育與工作等的影響。你的操作心態則是從你開始閱讀和操作有關的文獻、學習如何操作，或開始正式承擔市場風險的那一刻起漸漸發展。

　　關鍵的事件與人員，包括正面與負面的事件與人，都可能顯著影響你的個人心態，讓你的心態變得愈來愈成熟。一波成功的操作、一個令人敬重的同事，或是一位優秀的教練或良師益友，都有助於培養能夠支持你創造最佳操作績效的信念和感知能力；相同的，金融危機、難熬的資產淨值回落期，一樣能夠幫助你培養那樣的信念與感知能力。

　　儘管你在某些方面的心態可能對你有助益，有些卻無濟於事，甚至導致你放棄採取能夠創造最大成功機率的必要操作行動。

　　要成為市場上穩健獲利的防彈交易者，重要的努力

方向之一，就是要培養能夠支持你獲得操作成就的心態。本書後續的內容，將會反覆討論到這一點；此時此刻，我們主要聚焦在個人的處事心態，以及它應對內在壓力與挫折的方法。

你對內在壓力，以及引發那些內在壓力的挑戰、挫折、虧損、錯誤等的看法，將對你在市場上的經驗與成就造成深遠的影響。

學會和壓力當朋友

史丹佛大學健康心理學家凱莉・麥高尼格（Kelly McGonigal）在《壓力的益處》（*The Upside of Stress*）一書中，提醒我們善於應付內在壓力的重要性，而不是一直迴避。[9]她引用了一份探討民眾對內在壓力的覺察與內在壓力對民眾健康的影響等的有趣研究。這份研究為期八年，要求兩萬八千名成年人，每年評估他們對前一年度的內在壓力水準的感受──不管他們認為內在壓力是否有害，也不管他們採取什麼行動來管理內在壓力。

曾經經歷過高度的內在壓力、認為內在壓力已經影響到個人健康的人，英年早逝的機率比其他人高了43％。

相反的，表示自己曾經經歷過高度的內在壓力水準，但表示相關壓力並未對個人健康造成傷害的人，死亡風險是最低的，甚至低於內在壓力較小，但認定那些壓力對自己有害的人。

這份研究的主要結果，駁斥了「就本身而言，內在

壓力對我們有害」的信念，事實似乎並非如此。就對健康的危害來說，問題不在於壓力的大小，在於我們對「壓力是否有害」的信念，也就是我們對內在壓力的感覺。換言之，最重要的還是我們看待內在壓力的心態。

這本書還報導了另一份研究，它安排研究對象經歷兩種令人感到有壓力的情境。第一個情境是：要求研究對象在一個訓練有素的討論小組面前，就自己的缺點進行一段五分鐘的錄影演說，而這個小組出席的目的是為了擾亂演說者。第二個情境是：研究對象必須在一個同樣會不時攪局的討論小組面前接受一個數學測驗：從996開始，每隔7跳著倒數。

在研究對象開始接受這些測驗以前，研究人員事先告訴其中某些人，那些情境下所產生的內在壓力感受，以及他們可能會經歷的生理反應，例如心跳與呼吸加速等，對他們有幫助。研究人員告訴那批研究對象：「這些生理反應是你的身體為了因應即將到來的挑戰做準備的方式，能夠讓你發揮最好的表現。」研究人員這樣的指示，確實使這批參與者表現得比其他研究對象更有效率，他們的內在壓力水準也較低，因為研究人員也告訴其他研究對象，那類情境下的壓力感覺和整體感受對績效有害。

看來，我們對內在壓力的看法，對我們的身體、健康和個人績效的影響，似乎大於實際的內在壓力本身對我們的影響。有鑑於此，管理因操作而起的內在壓力的

最重要策略之一，就是改變你對操作壓力的看法。

所有交易者必須將操作的內在壓力視為一種日常，更重要的是，要把它想成可能有益。若能抱持這樣的心態，就能降低內在壓力對健康的長期影響（慢性內在壓力），而且可能提高你的短期操作績效（急性內在壓力）。

兩步驟針對內在壓力培養強化績效的心態：

1. 接受市場操作的固有內在壓力。

2. 將壓力反應視為有益處、能夠強化績效的助力。

虧損、犯錯和挫折

你用什麼心態來看待虧損、錯誤和挫折？

馬修・席德（Matthew Syed）在他的《失敗的力量：Google、皮克斯、F1車隊從失敗中淬煉出的成功秘密》（*Black Box Thinking*）一書中，檢視失敗對成功所產生的作用力。他對比了醫藥和航空產業應對錯誤與失敗等情境的文化。[10]

他發現，醫藥產業向來存在一種消極應對錯誤的文化，這個產業的錯誤回報水準偏低，或許回報水準偏低是受到這個產業迴避醫療疏失相關訴訟的動機所影響。

而這種文化造成的結果是：犯錯的情況發生後，相關人員並未能夠從中記取教誨。於是，他們反覆犯下相同的錯誤，績效並未獲得改善。

對比之下，他發現，航空業處理錯誤的文化比醫藥業開明許多。在航空產業，錯誤會被回報並分享給其他人，不僅是回報與分享給同一家航空公司，也會回報與分享給世界各地的其他航空公司，讓產業成員普遍能從那些錯誤記取教誨。每個人都能因此受益，整個產業的安全水準與績效也獲得改善。

你自己應對錯誤的個人文化又是如何呢？你如何應對虧損、挫折與困難呢？

橋水基金（Bridgewater Associates）的瑞・達利歐（Ray Dalio）堅信，「從錯誤中學習」是改善績效、獲得最終成就的必要作為。[11]他認為，若能夠發現每一項錯誤，採取適當行動應對，就有機會改善操作成果。

若能夠將錯誤寫下來，釐清那些錯誤隱含的教誨，並且刻意調整（如果有必要的話），確實做到這一點，交易者將可受益於那些錯誤。他們可以隨時檢視這些錯誤日誌，強化表現。沒有人能夠完全避開操作錯誤，但我們全都可以避免重複犯相同的錯誤。

若能養成這樣的心態：將犯錯、挫折和虧損，視為交易者個人發展的機會，可能非常有助你更有效管理類似問題。

斯多葛主義者堅信，挑戰和挫折是人生的一部分，

也是自我改善的重要機會。他們的哲學發展出一種將苦難視為好處、將障礙視為道路的心態。

> 「或許我們的行動會受到阻礙，但是我們的意向或戰略計畫不可能受阻，因為我們有能力適應，通權達變。心智能夠通權達變，化阻礙為實現宗旨的行動助力。阻礙我們採取行動的障礙能夠促進行動，障礙於是變成了道路。」
> ──馬可・奧理略

養成這樣的心態，對所有交易者都非常有幫助。

三步驟管理操作虧損、犯錯和挫折，從中記取教訓：

1. 將虧損、犯錯和挫折視為學習的機會。

2. 寫下你當下對特定虧損、錯誤、挫折的看法與感受。

3. 寫下你從這項虧損、錯誤、挫折中獲得的教誨，以及你未來可以採取的行動。

可敬的對手

我在擔任運動心理教練時，曾經遇過某些運動員每次一面對某個特定對手，就會變得特別焦慮。通常，那個對手會是排名較為領先的運動員，或是別人眼中較高效能的運動員，也就是較可能獲勝的對手。

有些運動員會逐漸變得真正害怕面對那些對手，所以總會不計代價，試圖迴避與對方交手。短期來說，這種迴避難纏對手的策略，確實減輕了他們的焦慮感。但長期來說，他們卻徹底失去了和較優秀對手交手的機會，因此難以發展、提升本身的戰力，當然也就難以成為更優秀的績效表現者。

為了幫助那些運動員，我鼓勵他們改變心態，不要再害怕和較難纏的對手比賽，甚至要積極尋求和那些對手交戰。我提醒他們牢記「competition」（競爭；比賽）一字的意義。「Competition」一字源於拉丁文，是由代表「一起」的「com」，以及代表「追尋」的「petere」組成，所以原始意義是「一起追尋」。換言之，這個字並不帶有「輸」或「贏」的意思。

我幫助他們培養一種能夠欣然接受競爭性交手的心態，一旦擁有這樣的心態，便能將這類交手視為「一起追尋」的機會，一同追尋能夠發展自身技藝，而且更精於那些技藝、更能夠管理自身心智與磨練肉體等的方法。要實現「一起追尋」的目標，最好的機會就是遇到

更難纏的對手、更優秀的參賽者，也就是能夠測試你的能耐的人。因為你會為了準備對付對方而努力訓練自己，對方也會為你創造許多讓你得以好好施展個人能耐的機會。這些對手，就是可敬的對手。

　　若一個尋求充分發揮績效潛力的人，能夠擁有可敬的對手，將會獲得巨大的利益，因為那個對手將能敦促他成為最好的自己。

> 我們應該把市場上的艱困時刻，當成在運動賽事碰上的難纏對手。那些艱困時刻可能令人感到恐懼，令人不由得想要迴避，卻也可能是個可敬的對手，一個自我考驗的大好機會，一個最終能夠幫助你成為最優秀交易者的發展與成長的機會。

「當你遭遇一項挑戰，請記得那是上蒼為你安排的一位較年輕的拳擊陪練員，就像是一位體能訓練師。為什麼？不流汗，哪能成為奧運選手！只要你能夠發揮運動家精神善用挑戰，把它當成較年輕的陪練員，那麼在我看來，你所遭遇到的挑戰比其他任何人的都更有價值。」
　　　　　　　　　　　　　　　　　　　　——愛比克泰德

防彈交易心態

改變心態，不再將內在壓力視為禍害，而是把內在壓力當成一股日常可見、對你有幫助的助力，將虧損、挫折與挑戰當作學習、發展與磨練個人操作流程的機會，這樣你就能夠改變你對市場挑戰與困難的感受，變得比較能夠自在應對那些挑戰與困難。

我們可以將痛苦的經驗視為一種可敬的對手，是老天爺派來幫助你改善與建立長期優勢的幫手。

哪些和內在壓力、困難與挑戰有關的信念，例如：交易風險、市場的不確定性、虧損、錯誤、資產淨值回落等，對繼續留在市場奮鬥的你有幫助？

6

堅定採取行動

動機陷阱

多年來，我有機會和許多首度入市的操盤新手合作，這是相當榮幸的經驗。那些操盤新手主要是投資銀行業者晉用的研究所畢業生，或是在自營操作集團上訓練課程的人。幾乎每一位與我合作過的操盤新手都曾告訴我，他們有實現操作成就的動機，而且通常是很強的動機。多數人都告訴我，他們願意付出「一切代價」來實現操作成就。

「動機」就是想要成功，「承諾」則是確實做到獲致成功必須做的事。

動機是一種感覺，當然能夠啟動我們採取行動的活力，但是一閃即逝，瞬間來去無蹤。

所以，當我們的動機低落，或許是因為處於資產淨值回落期，或許是因為處於較沉悶或難以應付的市場狀態時，會發生什麼事？低落的動機，會不會影響到我們

採取有效的操作行動？影響又有多大？

　　且讓我們看看下列這兩個問題：

1. 在你往後的交易生涯中，你只會在你感覺有動機時，也就是你有興致、操作正順利、正在賺錢、精神振奮、感覺良好時，採取能將操作成功機率最大化的必要行動。

2. 在你往後的交易生涯中，不管你是否感覺有動機，也就是不管你是否有興致、是否感覺良好或惡劣、是否正在賺錢或虧損、樂觀或悲觀、冷靜或焦慮、放鬆或恐懼、有沒有活力、有沒有信心等，你都會採取能將操作成功機率最大化的必要行動。

　　你會選擇哪一個？

　　很多人認為，唯有在抱持某種特定心態、達到某種興致、擁有必要的動機水準時，才會採取特定行動。然而，在交易領域，即使當下沒有出現理想的內在經驗，你沒有出現理想的想法、情緒、感受等，可能也經常需要採取行動。

- 所有交易者必須能夠及時掌握出現的市場機會，即使稍早之前曾經因為虧損或連續虧損而產生煎熬的想法和情緒，也必須在機會出現時及時出手。

- 所有交易者必須有能力抱住獲利的操作部位，儘管內心可能產生「未來我可能會後悔」的煎熬想法和情緒。

- 所有交易者必須有能力認賠出場，儘管可能產生「認賠後，市場會反彈」的煎熬想法。

就是這樣，所有在市場上交易的人，經常不得不在內心想法、情緒和身體感受非常煎熬的情況下，採取有效的操作行動。這種情況對交易者來說，可說是家常便飯。

從動機到承諾

承諾就是隨時聚焦在行動，就是採取行動，做該做的事。承諾就是即使你當下的動機低落，或是感到疲倦、焦慮，也要採取行動。事實上，承諾就是當你被困在難熬的內在經驗當中時，也要採取必要的行動。

承諾是持久的，能夠克服動機問題。它不要求你有特定的感覺，只要求你在那一刻採取有效的行動。

當你採取行動，你的心智和肉體就會因此產生一些轉變。採取行動本身，可能促使動機感增強；實際上，行動有可能比動機更早發生。

先採取行動，接著因此產生感覺。

多年來，我長期與許多不同高效能領域的一流高績效表現者合作，這些經驗讓我領悟到，儘管動機是實現成就的重要因素之一，承諾卻遠比動機重要。**承諾是遠比動機更大的成就決定因子，也是構成心理彈性、抗壓力及意志力的核心要素之一。**

堅定的行動

如果你想在奧運比賽中獲勝，愛比克泰德告訴我們：

「這樣當然很好，但要充分考慮你的欲望，使你自己陷入什麼處境？這樣的欲望會導致你承擔什麼代價？首先，必須發生什麼狀況？然後呢？你必須做什麼？接下來，你還得做其他什麼事情，才能夠實現這個欲望？整個行動方針真的對你有利嗎？如果有利，請繼續。如果你想在奧運比賽中獲勝，就必須遵守一套能夠考驗你的耐受力極限的嚴謹生活規則；唯有如此，你才能做好適當的準備。你將必須服從嚴苛的規定，遵守一套合適的飲食法，在酷熱與嚴寒的環境中進行規律時間的劇烈運動，並且放棄飲酒。你將必須像服從醫師一樣，遵從教練的指示。」[12]

堅定的行動是指規律、持續地採行能夠增強操作成功率的措施，也就是能夠提高個人優勢的措施。法蘭克・加德納（Frank Gardner）與塞拉・摩爾（Zella Moore）在《人類績效強化心理學》（*The Psychology of Enhancing Human Performance*）一書中，對「承諾」做出的定義是：「當一個人規律、持續展現出可能直接促成最佳績效的特定行為與活動，便是承諾的展現。」[13]

短期來說，這和執行你的操作策略，和通常可能被稱為「紀律」或「沉著」的做事態度有關。較長期來說，承諾和不管經歷交易高潮期或低潮期都能維持有效行動有關，或可稱為「毅力」。

要保持你的最佳操作狀態，充分實現你的操作潛力，你必須能夠做到這兩者，保持嚴明的紀律，展現毅力。

你必須採取什麼具體的行為和行動，才可能保持你的最佳操作狀態，充分實現你的操作潛力？

在最具挑戰性且最艱困的處境中，例如：認賠出場、抱牢獲利的操作部位、資產淨值回落期、犯錯之後，採取哪些具體行動對你而言將是最有效的？

堅定的行動是毫無條件的行動

我必須先聲明：沒有人有可能採取「有條件的」堅定行動，這點非常重要。[14]只有「堅定」和「不堅定」之分。

下列是交易者經常設下的一些條件例子：

「如果虧損不至於太難受，我會認賠出場。」
「我會先觀望，以免做錯決定，之後後悔。」
「我很樂於承擔更大的風險，只要不會因此焦慮。」

堅定的行動是完全的承諾，並不是為了要感覺更好或感覺良好而進行的，堅定的行動也不保證成功。你在

進行每一次的操作，請你都必須抱持著這樣的心態。你
在成為更優秀的交易者的過程中所採取的每一個步驟，
都需要這個方法。

我和很多操作圈的客戶合作時，都設法讓他們接受
這個完全承諾、不保證成功，也不執著於任何特定結果
的概念。這個概念相當有效地幫助了專職操盤手減輕內
在壓力和焦慮水準，協助他們改善操作執行。

當你為了實現交易目標而採取行動，過程中可
能會出現哪些令你非常煎熬的內在經驗，包括
想法、情緒、感受等，是你願意承受的？

沉著：紀律嚴明的操作本事

「操作時，最容易讓我產生內在壓力的原因有：我未
能遵守原本的操作計畫、某個部位超過風險界限、
我沒有遵守自己預設的原則。這些狀況可能會讓我
極度焦慮，讓我感到很沮喪；在那樣的時刻，我會
寫一張紙條給自己，確保我在下一筆操作時，確實
遵守我再次對自己設下的規則。」
——一名投資銀行操盤手

短期而言，「承諾」和「堅定採取行動」，是指要以

一貫的方式執行你的操作流程，也就是要保有通常所謂的「紀律」。交易紀律是最重要的討論主題之一，當我要客戶解釋紀律對他們的涵義，他們經常定義為「擬妥計畫，堅守計畫。」根據這樣的定義，所有交易者都能夠想到自己曾經「失去紀律」的情況──明知道自己想做什麼，卻沒有出手。

「沉著」是即使你產生十分煎熬的想法、情緒和感受，還是保有堅定採取行動與執行操作流程的能力。在諸如世界盃足球賽十二碼罰球那樣的關鍵時刻，即使是世界一流的表現者，難免會產生內在壓力和焦慮。你認為他們不會感到緊張、焦慮嗎？這是迷思。**高績效表現者和最優秀的操盤手之所以優秀，不是因為他們在沒有任何壓力的情況下表現優異，他們同樣是在內外壓力雙重夾攻之下仍然表現優異，這就是沉著。**

沉著創造績效的能力有三項關鍵要素：

• **承諾**：知道什麼重要、知道要採取什麼行動（你的操作過程），並且堅定採取行動。

• **覺知**：對你的內在經驗，也就是你浮現的想法、情緒、感受等有所覺知，對外也擁有對市場環境和整體脈動的覺知。

• **意願**：願意接受操作過程中可能浮現的各種不安。

毅力：即使路途變得艱難，依舊勇往直前

在操作一筆交易時，你是否曾經自問過：「我為什麼要這麼做？」如果你曾經這樣問過自己，當時發生了什麼事？那是什麼樣的情勢？你記不記得自己當時的回應？

我曾在某些特別艱難的時刻，聽到一些專職操盤手問自己這個問題。通常，我會回問他們：「你為什麼要這麼做？」

當時局艱困，一般人很容易對自己正在做的事情產生懷疑。這個問題的目的是希望你找出堅毅下去的目的和理由，以及能讓你持續勇往直前的能量。

要成為防彈交易者，你需要對這個問題做出明確的回應。你必須在陷入艱困時期、對自己提出這個問題以前，就對你的答案了然於胸。

要成為防彈交易高手，你必須了解你自己的目的，也就是你交易的原因，這份理解是你得以在艱難時期繼續扛下去的重要力量。一旦你有能力善用你對自己為何從事交易的這份理解，便有可能在最需要的時候，獲得額外的能量、專注力，變得更全力投入。

在艱難的時局裡，有價值觀作為依歸，了解你這次希望採取的行動的優勢和素質，也非常有幫助。你希望怎麼度過這次的艱難時期？

最終來說，毅力是長期採取一貫堅定行動的函數之一。為了克服操作上的挑戰與困難，你必須反覆不斷地做你必須做的事。**你需要調整操作風格和行為，靈活應**

對市場變化，有能力安度資產淨值回落期，從虧損中復元，繼續勇往直前，這一切都是為了將你操作成功的機率最大化。

> 「這根黃瓜比較苦嗎？那就丟了吧。這條路上有荊棘嗎？那就繞道而行吧。你只要懂這些道理就好。」
> ——馬可．奧理略

強化承諾

你的承諾愈是堅定，你就愈有紀律，愈能沉著以對，愈有毅力。

想在市場上穩健前行，成功躲過一次次的槍林彈雨，我鼓勵所有交易者藉由下列三步驟積極強化承諾：

1. 了解你交易的目的，包括：你為何從事目前的操作，你想從操作獲得什麼？（**Why？**）

2. 了解你的價值觀。作為一個交易者或操盤手，你想成為怎樣的人？你想養成什麼性格優點與行動素質？這和你的交易目的有何關聯性？（**Who？**）

3. 了解你的交易過程。清楚了解你必須採取哪
   些具體步驟，才能將你的成功機率最大化，
   並且了解這些步驟和你的目的、價值觀與績
   效目標有何關聯性。（**How？**）

7

了解你的價值觀

不同的方法

某個星期一早晨，我坐在一間大飯店的會議室裡，聆聽一家成功的全球交易商的執行長發表演說。他的演說為該公司為期一週的高階主管、操作經理、交易與研究部門主管的僻靜會揭開了序幕。

那場演說深深打動了我的心，演說內容至今仍然縈繞在我的腦海裡，和我通常在這類場合中聽到的非常不同：

> 「我希望我們今年聚焦在職人精神，努力成為各自崗位上最優秀的專業人士。我希望每個人都思考一下這對你的意義。你將因此採取什麼作為？你將因此如何看待自己和對待他人？憑藉著我們在這項業務的才能，我相信如果我們都能竭盡所能，致力於成為最優秀的專業人士，盡力扮演好我們的角色，勢必能夠創造我們能力所及的最佳績效。市場與其他外部因素，將決定那對我們的損益有何意義。」

那場演說打動我的是，開場白並不是數字、具體成果，也不是一個新目標，接下來他也沒有聚焦在如何透過某個特定策略來實現成果。那場演說是以一種存在方式作開場，是以「行動的素質」（quality of action）作開場，而行動的素質能夠驅動具體的行為。

那場演說承認不可控制的因素是存在的，也承認那些因素會影響未來的可能前景。那場演說並沒有否認不可控因素的存在，也沒有假裝那些因素必然可被克服，而是聚焦在可被控制的因素上，而可控制因素的核心就是價值觀。

換言之，那是一個以價值觀為本的績效創造法。

典型的績效創造法

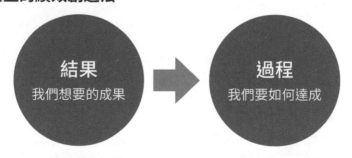

以價值觀為本的績效創造法

價值觀的價值

我們已經確立了承諾的重要性，也說明了在短期（紀律／沉著）與長期（有毅力）採取堅定行動是多麼重要。不過，要如何實現承諾、堅定採取行動呢？為了協助專職操盤手強化承諾與毅力，我更刻意聚焦在他們的價值觀。

在所有追求高績效表現的領域，一旦你清楚自己的價值觀、了解你最重視什麼事物，就能夠獲得強大的力量。

我和專業操盤手合作時，總是不厭其煩地幫助他們探索，釐清他們真正的價值觀。我們探討對他們個人最重要的事物，以及對他們的操作特別重要的事。我們也討論他們想要培養的性格優點與行動素質。

當你對任何一個在企業環境工作的人提到「價值觀」一詞，經常會招來對方的白眼，我懂。很多機構發布使命宣言、條列價值觀清單的目的，只是因為這麼做符合外界期待；實際上，那些機構的宣言和價值觀，經常和員工或其他利害關係人的實務經驗嚴重脫節。我和某家交易機構合作時，就親眼目睹過這樣的狀況。那家機構聲稱擁有一系列美好的價值觀，也在牆面上張貼了很多大型海報來闡述那些價值觀，但我從和那家機構的操作與管理團隊交換意見的過程中，清楚發現那些價值觀和我親眼見到的行為明顯不一致。

為了避免這種名不符實的情況發生，我偏好將價值觀視為精選行動素質。我將價值觀視為行為優點和特

質，那是你可以練習的，也是你存在的方式。

我們的價值觀奠基於一套口頭建構的規則，激勵我們以對自身有意義的方式行事。[15]當你依據個人價值觀進行交易時，你會在那些價值觀的引導下採取有效的行動，即使你的內心浮現了令人煎熬的感受、想法或情緒。

一旦缺乏價值觀的守護，我們很容易被想要保持正確、被別人瞧得起，或是想要迴避令人難受的感覺或情緒，以及想要獲得短期利益等心態牽著鼻子走，即使這麼做並不符合長期利益。[16]

了解你的價值觀

花點時間想想這三個問題，把答案寫下來。

- 你想成為怎樣的交易者？

- 你希望在你的操作上，展現什麼優點和行動素質？

- 想想你有哪些榜樣，包括在交易領域或非交易領域的榜樣。你最欣賞他們什麼優點和素質？

把你的答案寫出來，好好想想。

在你把自己重視的優點和行動素質列出來之後，下一步是依序將最重要的五項排出來。

建立以價值觀為本的堅定行動模式

花點時間定義個人操作價值觀的真正好處之一是，你可以利用那些價值觀來建構堅定的行動模式。

當沉重壓力籠罩與逆境來襲時，奠基於價值觀的行動，一定比不是以價值觀為本的行動更加堅定，因為價值觀是深層的內在動機因子，也是行為的驅動因素。

把價值觀落實為行動，是一個重要但經常被忽略的步驟。這件事的基本流程是思考在你的操作過程中，你能夠採取哪些具體行動來呼應你的個人價值觀。你會從個人價值觀推導出自己將採取什麼行動，你會把個人價值觀與目標連結在一起，強化你對目標的承諾，思考哪些行動能在幫助你實現目標的同時，又能堅守你的個人價值觀。這是有效打造堅定行動、培養沉著態度與毅力的一個好方法。

在你列出你最重視的五大操作價值觀之後，請你就每一項價值觀，想出三種最能夠反映你個人操作價值觀的具體行為。

價值觀、壓力與困難

史丹佛大學的研究人員分析了十五年來與個人價值觀有關的眾多研究，研究人員發現秉持個人價值觀的人：

- 較可能相信自己能夠改變困難的處境。
- 較可能採取積極的行動，而不是一味逃避。
- 較可能將遭遇到的逆境，看成暫時的不順利。[17]

把你的價值觀化為行動

價值觀	操作行為

長期下來，這種採取積極行動的心態，將會產生良性循環的力量，改變個人在承受壓力與陷入困境時對自己的敘事，鼓勵他們採取進一步的積極行動，使他們更堅信自己接下來有能力應付逆境。

這形成了那些研究人員所謂的「個人適任性敘事」（narrative of personal adequacy）。

史丹佛大學曾經進行過一項研究，要求學生寫寒假日記。[18]他們要求其中一組學生寫和個人價值觀有關的日記，日記裡必須敘述他們的價值觀，記錄他們有哪些日常活動反映了那些價值觀。第二組學生則必須在日記裡，寫出他們在某一天發生的三件好事。寒假結束後，研究人員蒐集這些日記，加以分析。寫價值觀日記的學生比較健康，比較相信自己擁有應對大學壓力的能力。有趣的是，因為寫價值觀日記獲得最大正面影響的學生是：在寒假期間經歷了最大壓力的學生。

事實證明，「寫出價值觀」的這項行動，能夠產生非常有效的心理干預作用。相關的短期利益包括：它會讓你感覺更有掌控力，感受到更高的心理強度、更大的疼痛耐受度、更大的自我控制力，以及在經歷困難後，比較不會陷入反芻思維（rumination）——不斷地沉浸在痛苦經驗的悔恨或其他負面思維當中。長期來說，這種心理干預能夠改善身體健康與整體福祉。事實證明，就算只花十分鐘寫下你的價值觀，都能在未來幫你帶來一些益處。

挑出你最重視的五項操作價值觀的其中一項，
花十分鐘寫點和它有關的東西。

請說明為何這項價值觀對你很重要。你如何在
你的操作活動中表達這項價值觀（包括你今天
的操作）？

請寫出這項價值觀會在你面對艱難的操作時刻
或決策時，對你形成怎樣的引導作用？

_____

_____

_____

美德

　　斯多葛派哲學的核心部分之一是秉持「arete」的生活原則，「arete」就是「美德」或「卓越」。這關係著在每個時刻都展現出最好的自己，成為此時此刻最棒的自己，依據最深層的價值觀行事。

　　有一次，一位體育經紀人為了應付他的交易逆境和我接洽，希望我能夠為他提供建議。我為他提供的其中

一項指引就是（他也對這個概念很有共鳴）：愈是艱難的時刻，愈要採取符合你重視的優點的行為；想想你希望為何而戰？你想成為怎麼樣的人？

一旦在交易的過程中面臨艱鉅或困難的時刻，請你記得問自己下列兩個問題，這能幫助你想起你重視的價值觀、優點與素質，使你有能力採取有效的行動。

「此時此刻，我要如何發揮個人的最大本領？」
「在這個艱難的時刻或時期，我想成為怎樣的人？」

想想你在個人的交易操作過程中，曾經面對的某些艱難處境。

- 在每一個情境中，什麼價值觀有助於引導你回應那些情境？

- 那些價值觀可能驅動你採取哪些以價值觀為本的有效行為？

你的處境	價值觀	以價值觀為本的有效行動

　　只要秉持你重視的性格優點與行動素質，你便能夠在市場的壓力時刻與艱難時期，展現出你最優秀的操作能力，成功安度那些時期。

> 「先自我期許你要成為什麼樣的人，
> 然後做成為那樣的人所必須做的事。」
> ──愛比克泰德

第四部

風險與
不確定性

8

管理你的風險

風險、壓力與交易決策

人類大腦天生善於評估威脅與風險，我們的大腦內部有為了持續監控風險與報酬、威脅與機會等精心打造的迴路和機制。這套基本的監控系統，是攸關你我存亡的核心要素。

首先，你必須不被殺（風險），才能繼續存活下去。在你活著的時候，你必須設法繼續活下去，並且維護整個群體——主要是透過進食和繁殖（報酬）來完成。想要維護群體，當然唯有你真的活下來了才有可能。所以，人類大腦早就存在高度發展、根深蒂固的威脅評估與風險管理流程。

當你建立一項市場部位時，你就開始承擔某種風險。此時，你將展開你的風險偵測流程，首先你會評估：「這麼做，是否有威脅？」如果是的話，你會評估：「這項威脅有多危險？」最後，你可能評估：「我有沒有資

源可以應付這項威脅？」

　　如果你擁有心理、生理和財務資源應對你已經承擔的風險，你的身體將進入一種回應挑戰的狀態，那是一種績效增強的狀態。[19]如果你承擔的風險超過你的心理、生理和財務資源所能負荷的程度，你的身體將進入一種回應威脅的狀態。這是一種減弱績效的狀態，會導致你的認知能力降低，包括決策與自我控制的能力。

> 「當我持有的市場部位過大，而且市場看起來可能變淡或有極大幅度的波動，或是我持有的部位相對偏高且嚴重違例，我就會覺得操作的壓力很大。這種狀況可能會導致我過度聚焦在讓我煩心的部位，結果忽略掉其他機會。當我持有的部位大到令我坐立不安，也會影響到我的操作管理。我可能不會堅持到目標價就提早出掉，因為大型部位的利潤變動會大到讓人忍不住出掉；我也可能會因為不想實現那個部位造成的虧損，未能在預定的停損價格停損出場。」──一名避險基金操盤手

　　你在市場上承擔的風險大小，會影響你對自己施加的內在壓力，而你給自己的內在壓力，勢必又對你的操作決策造成影響。為了解決這個問題，目標就是找出優化風險承擔的方法，讓你盡可能在有效執行操作策略的同時，將市場展現在你面前的機會，乃至於整體市場報酬最大化，在兩者之間取得平衡。

最適風險承擔的藝術

「我壓力最大的情況通常是操作規模過大時,或是同時間操作太多商品時。在這種情況下,我通常會有點失去鎮靜,多少為了抒解極短期的內在壓力做出一些輕率的決定。事後來看,那些決定鮮少是正確的;長期下來,這導致我非常沮喪。」
——一名期貨操盤手

我遇過不少專職操盤手因為操作經歷過顯著的內在壓力,追根究底,導致他們產生壓力的原因是他們承接了超出自己心理、生理或財務準備的部位,特別是當波動方向對他們不利時。

有時候,「創造利潤」的外在壓力,會導致操盤手承擔遠遠超出舒適圈的風險。但這可能會造成他們的決策品質降低,衍生進一步的虧損,而這種情況很可能變成一種惡性循環。當然,當操盤手承擔了超額風險結果獲利,感覺一定非常棒。那雖然會使快樂短暫增加,就紀律與流程的層面來說,若長期重複這樣的行為,成功的可能性就會降低。

從防彈交易的觀點而言,操作的目標是要達到最適風險承擔,就是找出你個人的平衡點:在面對所有特定的操作機會時,盡可能承接適合你個人和你的策略的最大操作部位,同時保有能力有效執行你的操作流程。

誠如史帝夫・克拉克(Steve Clark)在《新世紀金融怪傑》(*Hedge Fund Market Wizards*)一書中所言:「在

你的情緒能量範圍內操作。」[20]或者，一如喬・維迪奇（Joe Vidich）說的：「對你持有的所有部位的規模設限，這樣恐懼就不會成為引導你的判斷的主要本能。」[21]

　　我曾為一家大型投資銀行的頂尖操作人員提供一日培訓。在活動當天的結訓晚宴上，該銀行操作部門的全球主管，他是德高望重、非常成功的操盤手，發表了一席簡短的演說。他在那席演說中，談到了風險承擔的「甜蜜點」，提到在「機會最大化」與「執行紀律」之間取得平衡點的重要性。他還提到了超出甜蜜點可能衍生的危險和問題——因承擔過高風險而陷入險境的問題。他的那一席話，迄今仍然在我的腦海中迴盪。

風險甜蜜點

　　如果我們在一條曲線上標出「風險」和「績效」，會發現這兩者存在一種倒 U 型的關係。當風險過低，績效也會很低。在這個位置上，交易者的操作部位可能非常小，小到他們不會全神關注手上的部位，甚至比平日更傾向於放任那些部位進一步朝著不利的方向發展。在這樣的位置上，交易者會變得自滿，而且覺得乏味。在這樣的位置上，決策的制定與操作流程，經常都未能獲得妥善執行。

　　而在遙遠的另一端，也就是承擔過高風險的那一端，威脅回應會被啟動，此時情緒高漲、內在壓力非常大，憂慮和恐懼雙雙浮現。在這樣的位置上，決策的制

定與操作流程，也經常未能獲得妥善執行。

　　曲線的中央則是甜蜜點，這是最適風險承擔區，交易者能在這個區域取得「利潤最大化」和「策略執行」之間的平衡。那麼，要如何找到這個甜蜜點？

　　很多交易者是透過試誤的方式來尋找甜蜜點，某些人則是透過研究與造模來尋找。要了解你是否位於風險承擔的甜蜜點，有個簡單的檢驗方法就是：如果你持有的部位為你帶來高水準的焦慮、內在壓力與恐懼，那麼你當時持有的操作部位可能就過大了。

　　交易部位規模的評估，必須因時、因地、因人制宜。這條曲線對每個交易者、市場、操作策略與其他情境因素，例如整體市場曝險、當期損益與財務資本等因素而言，都是獨特的。

風險與績效 ── 最適風險承擔區

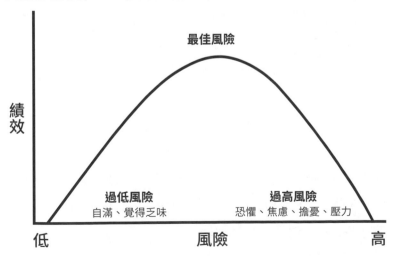

最佳風險

績效

過低風險
自滿、覺得乏味

過高風險
恐懼、焦慮、擔憂、壓力

低　　　　　　　風險　　　　　　　高

有很多因素會影響交易部位規模最適區域的所在位置，包括：

- 經驗和技能水準；

- 個人的風險承受度；

- 策略；

- 市場流動性與波動性；

- 當期損益；

- 生理狀態；

- 市場風險／事件風險水準；

- 交易者持有多少部位。

由於市場瞬息萬變，這些情境也永遠都在隨時改變，部位規模大小的決定與風險管理將是一個動態的過程。我見過很多專職操盤手犯下了永遠持有固定操作部位規模的錯誤，不管市場情勢與自身心理、生理狀態如何，永遠都持有固定規模的操作部位。

我常以風帆衝浪活動來比喻，解釋保持部位規模彈性的重要性。風帆衝浪好手會視情境，諸如速度、障礙航行、競賽、風帆滑浪、花式等，選擇想要進行的航行類型，採用最適合當時情境與航行類型、氣候、水文條件的衝浪板與風帆組合，幫助締造最好的表現。

在強風的氣候條件下，使用大型衝浪板和巨大的風帆，絕對不會讓人獲得特別愉快或特別成功的體驗，即

使你的自尊心因為你用了最大的風帆航行而特別滿足。

專業的風帆衝浪手會特別用心選擇能讓自己發揮最佳績效的衝浪板與風帆組合，不會只是選擇看起來最好或最能夠滿足自尊心的組合。交易者也必須秉持這樣的做法選擇部位規模。

隨時留意市場情勢、你的策略、你個人的狀態和其他重要因素，選擇能夠將機會最大化、又能讓你維持操作計畫執行品質的規模與策略組合。

在風險意識下做決定

在風險意識下做決定，就是更加意識到你在交易時所承擔的風險，代表你要留意所有會影響到個人風險承擔行為的內部與外部情境。它是一種動態的過程，需要彈性應對。在《新世紀金融怪傑》一書中，談到一個彈性應對部位規模控管決策的絕佳範例：

「2008年開年時，市場風險節節上升。當時，涅夫斯基資本（Nevsky Capital）的馬汀·泰勒（Martin Taylor），還持有一些高Beta值股票的淨作多曝險部位。由於泰勒對他的曝險水準感到不安，所以在一月初大幅降低部位。果不其然，市場在那個月稍後重挫，而他也已經做好加碼作多曝險部位的充分準備。如果泰勒當初沒有先減碼，而是繼續抱著原來那些龐大的淨作多部位，可能會為了降低風險，被迫在市場非常弱勢之際賣出，結果錯失全力參與後續反彈行情的機會。」[22]

　　重點不在於你的部位有多大，在於你如何在「機會最大化」、「執行」與「決策品質」之間取得平衡。重點在於你會降低超額的內在壓力水準，設法將你的市場報酬最大化。

9

欣然接受不確定性

你要選擇哪一個箱子？

現在，在你面前擺了兩個密閉的箱子。甲箱子裡有100顆球，其中50顆是紅色，50顆是藍色。乙箱子裡也有100顆球，一樣有紅球和藍球，但你不知道有多少顆紅球、多少顆藍球。

想要獲得獎品的話，你的任務是選擇從其中一個箱子，抽出一顆你選擇的顏色的彩球。

你打算選哪個顏色的彩球？你會選擇從哪個箱子抽出那顆球？

彩球顏色的選擇，不是我們現在要討論的重點，我們現在要討論的是箱子的選擇。你認為大多數的人會選擇從哪個箱子裡抽球？如果你的答案是甲箱子，那麼你應該算正確。

為什麼甲箱子的「人氣」會比乙箱子的高？答案和「確定性」，也就是「已知數」有關。

從乙箱子抽出指定顏色的彩球的機率，絕對有可能
比從甲箱子抽出的高很多，但那個機率是「未知」的。
當然，你從乙箱子抽出那個顏色的彩球的機率，也可能
遠低於從甲箱子抽出的；換言之，如果你選擇從乙箱子
抽球，你能夠得到的確定性很低。隨著已知而來的安心
感——或者說，隨著未知而來的不安感，促使大多數的
人傾向於選擇甲箱子。

　　從交易的角度來看，這個遊戲特別有趣，因為在市
場上操作的經驗比較像從乙箱子抽球，不像從甲箱子抽
球。市場操作牽涉到不確定性和未知數，我們永遠都無
法徹底精確計算風險。

市場、交易者與不確定性

　　一般人大致上偏好確定性、比較厭惡不確定性，這
是人性。然而，市場偏偏既不穩定，也不確定。專業金
融交易心理輔導師馬克・道格拉斯（Mark Douglas）說
得好：「市場的每一個時刻，都是獨一無二的。」[23]

　　我們無法確知接下來會發生什麼事，這可能會引來
焦慮的感覺，因為你的腦子可能會閃過無數個市場未來
可能的情境和各種無奇不有的潛在後果。因此，交易者
的關鍵挑戰之一，就是培養管理市場不確定性的能力。

　　想像一下，你現在坐在一間實驗室的電腦螢幕前
玩一個遊戲。這個遊戲要求你從螢幕中挑選特定的岩
石——遊戲當然有圈套。某些岩石後面躲著蛇，如果你

選到那些後面躲著蛇的岩石，你的手就會因為震動而感到些許疼痛。在你玩遊戲的過程中，電腦會估算你做出每個選擇的當下有多麼不確定，同時監控你的瞳孔擴張程度與出汗的狀況，以衡量你的內在壓力水準。

這其實是倫敦大學學院（University College London）曾經做過的一項真實研究。[24]研究結果顯示，當受測者感覺最不確定時，內在壓力最大。事實上，當你高度不確定是否會挑到後面躲蛇的岩石時，你感受到的內在壓力，比你確定自己挑到後面躲蛇的岩石時壓力更大。

不確定性——尤其是和潛在惡劣結果有關的不確定性——會令人感覺很有壓力，而那正是交易者經常面對的不確定性。

你的每項操作都精準獲得計畫中的成果嗎？我想很少。市場瞬息萬變，總是充滿不確定性。雖然你無法改變市場的本質，卻能夠改變你回應市場的方式。你可以發展更有助於有效管理市場不確定性的心智框架和技能。

世事無常

「沒有人曾經踩進同一條河中兩次，因為它已經不是原來的那一條河，他也不是原來的那個人。」

（寓意：事過境遷，人事已非。）

——赫拉克利特（Heraclitus），古希臘哲學家

　　無常是我從正念訓練中領悟到的原則之一，也是斯多葛哲學的關鍵部分之一。「無常」的概念是：所有的事物都處於恆常變化的狀態，時時刻刻都在改變。你的想法、情緒和感受，永遠都在不斷地改變，外在的市場也是一樣。

　　基本上，接受無常的心態，就是接受你的內在與外部經驗的不確定性，這樣的心態有助於減輕內在壓力和焦慮感。將無常的心態融入你的心智框架，讓你的操作行為變得更加靈活；坦然接受市場的變化，及時調整你的操作風格與策略。

　　坦然接受無常，這樣的心態會對你操作失敗、資產淨值回落期與其他艱困時期的經驗產生顯著的影響。接受無常的心態會不斷地提醒你，某一輪的操作失敗是無常的，它不是永遠的失敗。市場的變動也是無常的，那樣的時期不會永遠持續下去。個人損益的變化也是無常的，不會永遠賺錢，也不會永遠虧損。

　　不管是交易或人生，沒有任何事物永遠維持不變，兩者都是無常的。

日常練習接受不確定性

　　當你經常暴露在不確定性的環境中，自然會漸漸更善於應對不確定性。所以，應對不確定性的最佳對策，就是讓自己暴露在不確定性的環境裡，學習如何與它和平共處，順利度過它的折磨。

　　我是透過所謂「開放覺知訓練」（open-awareness training）的正念心智訓練技巧等方法，協助我的客戶慢慢領略世事無常，協助他們體會內在與外在世界恆久更迭與變化的事實。接下來的這項小練習，是以開放覺知為本的正念心智訓練，幫助你增加感受不確定性與個人經驗無常等的體驗，變得更能夠自在應對個人經歷的不確定性與無常。

請你選擇一個舒適的坐姿，將雙腳平放在地板上。挺直背部，抬頭挺胸，保持放鬆。

盡可能放鬆你的肩膀、脖子和手臂。慢慢釋放你感受到的所有緊張情緒，深吸一口氣，吐氣時放鬆。

如果你想的話，你可以閉上雙眼。如果你選擇張開雙眼，請放鬆，隨意看向你眼前的地板。

請將你全部的注意力，集中在你的呼吸上一陣子……讓你的心智隨著你的呼吸，逐漸趨於平靜與穩定……吸氣，吐氣……

現在，請你將注意力從吸氣與吐氣上移開，對任何可能出現的事物敞開心胸。

當第一個令你分神的事物吸引了你的注意力──也許是一個聲響……一個想法……一種身體感受……或任何其他事物……請將你全部的注意力轉移到那個事物上,將你的意識停留在那裡。

請你以中立的態度,觀察那個令你分心的事物,就像觀察你的呼吸或沙灘上的海浪一樣。請不要思考……不要與它互動……不要試著留住它或趕走它,只要觀察就好。

如果你感覺很難用中性的方法應對這個令人分心的事物;也就是說,如果你注意到你開始被它吸引,那麼幫它貼上一個簡短的心智標籤或許有幫助。比方說,如果某個和市場有關的想法浮現了,你可以幫它貼上「市場」的標籤,觀察你產生這個想法的經驗,但不要思考那個想法的內容。或者,你也可以使用更簡單的標籤,例如:「想法」、「聲音」、「感覺」等。

請你特別留意什麼時候一件事物成為你注意的焦點……留意它何時出現……留意它在什麼時間點又變成其他事物,或就此消失。

當它消失了,請你敞開心胸,準備好用相同的方式,迎接下一件令你分心的事物。

> 如果你開始感覺受不了了，或者需要穩定你的
> 注意力，你隨時都可以暫停……放鬆……放下
> 那些令你分心的事物，將你的焦點徹底轉回到
> 呼吸上。經過片刻，等到你的焦點再次穩定下
> 來，把注意力從你的呼吸轉移開來，再次開放
> 你的覺知。
>
> 你隨時都可以回到那個停泊點上，單純聚焦在
> 你的呼吸。

澡堂不都是這樣嗎？

　　斯多葛派的哲學家愛比克泰德告訴我們，當我們去
澡堂時，很可能會發現那裡的人會「推擠、濺水，甚至
偷竊」，我們可以因此感到煩躁，也可以提醒自己：澡
堂不都是這樣嗎？

　　如果我們秉持「澡堂不都是這樣嗎？」的態度，就
比較不可能對那些事情感到煩躁或被惹毛，因為我們了
解，這不過是那個環境固有的現象之一罷了。[25]

　　關於交易者與不確定性的挑戰，最有趣的矛盾之一
就是，當我和客戶討論到他們為何從事操作業務，或是
他們從操作中獲得什麼樂趣時，他們經常提到「多樣性」
（variety）一詞。他們選擇操作，因為他們喜歡多樣性，

也就是這件工作較不可預測的本質。但基本上，這個多樣性是受交易的不確定性和新穎性所驅動，兩者就像一體的兩面。

　　你願意用不確定性交換確定性嗎？你願意用多樣性交換乏味嗎？

　　在操作時，市場總會出現意外的波動，不斷發生各種新的事件，數據也不是永遠都合乎預期。比方說，川普在推特上推文之後，市場發生了小規模崩盤……總之，情況不見得永遠和你的期望一致。如果你認同所有這些事件和局面都可能會發生，接受這是市場的特性之一，也是整體環境的一部分，你就比較不會受到干擾，因而心煩意亂。

　　既然所有即將發生的事都是不確定的，那就欣然接受吧。你無法控制市場未來的表現，只能控制你回應那些事件的方式。

10
做好最壞的打算

為成功做準備

長久以來，必須在高風險、高壓力環境下創造表現的人，例如：精英運動員、運動團隊、軍隊與頂尖操盤手和基金經理人等，早就體認到做好萬全準備的重要性，因為唯有做好萬全準備，才能發揮最佳績效。準備與規劃，是高成效週期的第一階段，會影響你執行與管理操作的成果。

高成效週期

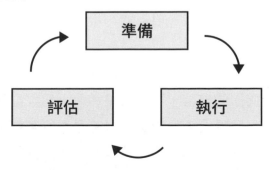

為市場操作做好萬全準備有幾個關鍵好處，包括：

- **一致性**：重複進行準備的過程，讓你有機會在個人的操作流程中，建立一種一致性的意識。

- **信心**：當你知道自己沒有做好充分的準備，通常會產生一種不安的感覺，這種感覺可能製造懷疑和衝突，導致你信心消減，衝擊到你的執行成效。

- **掌控力**：大致上來說，你能夠控制自己為了應對市場做了多大程度的準備，而這是你有能力高度掌控的少數操作變數之一。

- **鎮定**：如果你做好充分的準備，尤其如果你已經採行了某種情境規劃和「如果……就……」的流程，那麼你應該可以常保鎮定，有能力在艱難的市場時刻更有效率地採取行動。

- **專注**：你的日常準備作業可能成為一種「開關」，促使你的心智專注於你的操作，幫助你轉換心態，例如從甦醒、走到螢幕旁，進入操作的心態。

信心、掌控力、鎮定與專注，都是交易時不可或缺的寶貴心理資產。每一項都能夠發揮某種關鍵作用力，讓你變得防彈。

當然，每個交易者的準備程度一定高度因人而異，受到個人操作的市場、操作策略和個人偏好影響。但一般來說，我發現大多數的交易者都會進行某種形式的準備，包括關注新聞、數據、基本面與技術面等的分析，

也會試著識別潛在的操作機會。不過,大多數人的準備通常偏向我所謂的「技術/戰術」層面,不盡然涵蓋到「心理/情緒」層面,而心理/情緒層面的準備對培養較強的防彈本領,以便應對市場上的不利事件,是非常重要的。

萬一⋯⋯該怎麼辦?

「不預期加深了災難的嚴重性,不預期也從未停止增加個人的痛苦。基於這個理由,世上不該有我們沒有預期到的事。我們的心智應該考量到所有事,不該只是考量到通常會發生的事,而要考量到實際上可能會發生的事。月有陰晴圓缺,人有旦夕禍福。」
——塞內加

想像你正在參加奧運比賽,你的賽事將在今天舉辦,這對可能正處於運動生涯顛峰時期的你來說,是盡情揮灑的重要時刻。你在整個運動生涯中受過的多數訓練,都是為了能夠來到這裡一展身手。在過去四年的奧運週期裡,你堅定、全力地投入訓練的唯一目的,就是為了能在此刻大展身手。

你感覺此時的你處於人生的最佳狀態。雖然你對今天的賽事感到有點緊張,還是迫不及待想要快點趕到比賽場地,展開例行的熱身程序,進入競爭模式。

現在,再想像你走到選手村的巴士站,但⋯⋯巴士

沒有來。有狀況發生，巴士誤點了。這下可好了，你可能沒有足夠時間進行計畫好的熱身練習。

或者，想像一下你是一名開放水域的游泳選手或鐵人三項運動員，你的泳鏡在比賽開始的那一刻被踢掉了。

這時，你會有什麼感覺？你會做什麼？

大型運動賽事上，總會發生很多意外的場面。當這些事件發生，運動員有時不得不退出他們備戰已久的比賽，除非他們之前受過訓練處理類似狀況，已經做好因應那些狀況的準備。多年來，運動心理學家在和運動員合作時，陸續增加了許多重要元素到策略庫中，其中最重要的元素之一就是：探討可能發生的一系列不同情境，為客戶提供能夠有效應對那些潛在情境的技術及心理技能，包括為他們進行訓練、事前與他們排練等。

這個流程通常稱為「萬一……該怎麼辦？」（"what-if"）或「如果……就……」（"if-then"）的規劃，我也積極鼓勵我的所有操作圈客戶進行這類規劃。

如果……就……

如果你還沒有進行過「萬一……該怎麼辦？」的情境規劃，請開始著手吧！這是為操作做好準備的重要有效策略之一。這項規劃對你最有幫助的優點是，由於它提前設想可能會發生什麼不確定的事件，所以能夠幫助你減輕因不確定性引起的內在壓力和焦慮。這項規劃也有助於你研擬因應那些不確定事件的策略，這就是我所

謂的「已在計畫中的不確定性」（planned uncertainty）。

> 「最讓我感到有壓力的操作局面是，諸如英國脫歐、
> 歐洲重大選舉等大型風險事件。導致我產生壓力感
> 的主要原因是波動性上升，而為了因應這些局面，
> 我平日就努力事前做好規劃，先提出一些『萬一
> ……該怎麼辦？』的陳述，並且探詢一些操盤手對
> 這些陳述的看法。例如，我會想『萬一川普被彈劾
> 成功，該怎麼辦？那對我操作的市場會造成什麼影
> 響？我能夠從哪些情境中，找到可能可以參考的例
> 子？』」──一名避險基金操盤手

根據我的經驗，比較有效率的「萬一……該怎麼辦？」情境規劃，不只是像流水帳般列出你認為可能發生的情境，還會結合焦點明確的做法，例如：「我在那個局面中會採取……」，而這會讓這項規劃變得比較像一種「如果……就……」的流程。

「如果……就……」的事前規劃，能夠幫助你感覺更有信心。一旦你做好這項規劃，你的內心就會更加篤定，因為你已經準備好因應任何即將到來的挑戰。此外，在做好這項規劃後，一旦那些挑戰真的發生了，你也能夠更鎮定應對，因為你早已預期可能會有那些挑戰。

「已在計畫中的不確定性」，讓你暴露在小幅度的潛在壓力源之下，這能減輕你未來的壓力反應。早已擬定行動計畫的你，將會更有能力主動做出策略性的回應，而不是只能有被動的自然情緒性反應。

事前調查

斯多葛學派非常支持「做好最壞打算」的理念。斯多葛哲學的重要環節之一，就是主張應該預測旅途、決策或人生可能會出什麼差錯，並且做好因應對策。塞內加寫道：

> 「不會有出乎這位智者意料的事發生在他身上，但也不是所有的事最終都能如他所願，只是所有的事都如他所料──最重要的是，他早就猜想到，可能會有某些事情導致他的計畫受阻。」

斯多葛主義者隨時做好應對困難、挫折與崩潰的準備。而且，他們不只是集中心力設法預測那些事件，也聚焦在因應那些事件的方法。斯多葛學派堅信，要控制可以控制的事物，他們承認不可控事物是存在的，不會試圖控制不可控的事物。

他們體認到，即使是最精心打造的計畫，也可能會被很多事物妨礙，所以他們會做好最壞的打算。練習為最糟的情況做好規劃，就是「提前思考最壞的結果」（premeditation malorum）──對惡事先行冥思，提前練習想像事情的發展不如預期，思考最糟糕的結果將是如何。[26]

大多數的人都很熟悉「事後分析」（post-mortem）──在結果已知後，回頭分析一個事件或決策。很多交易者都會對自己的操作決策進行事後分析，但是他們有做事前調查嗎？

　　「事前調查」（pre-mortem）是心理學家蓋瑞・克萊恩（Gary Klein）推廣的一項流程，這是強化決策制定的寶貴工具。它不是從現在展望未來，進而評估可能會發生什麼事，而是以想像的視角，探討一些想像中已經在未來發生的事。這個技巧就是所謂的「前瞻性後見之明」（prospective hindsight）——假設某件事已經發生，再試著解釋這件事發生的緣由，經由這個過程，我們的注意力將從單純預測未來事件，轉移到評估眼前各項選擇的後果。[27]

假設你是一份調查研究的研究對象之一，研究人員問了你一個問題：「在你的國家，女性在下下次選舉被選為國家領袖的可能性有多高？」請你思考一下可能讓這個情況發生的所有理由，為求具體，請你提供一個機率數值。

現在，再以前瞻性後見之明，考慮這個問題的另一個版本：「想像一下，下下次的選舉已經結束了，有位婦女被選為你們國家的領袖。」請你思考一下可能讓這個情況發生的所有理由，這次也請你提供這個狀況實際發生的機率數值。

　　研究顯示，第二個問題──採用未來視角，利用「就像那件事情已經發生」的前瞻性後見之明，能夠產生遠比第一個問題更多的意見（在一份研究中高出25％），該事件實際發生的預估或然率也較高。[28]

　　交易活動的事前調查，牽涉到帶領你自己走進未來的時空，想像你的操作在某種程度上並不成功。接著，從那個未來視角，思考導致你操作不成功的所有理由，而且最好是明文將那些理由記錄下來。這麼一來，你就能夠在真正執行你的操作計畫以前，善用所有特有領悟來調整你的操作計畫（若有必要的話）。

交易活動的事前調查

在你進行操作以前：

- 先想像你身處未來的某個時點，那時你的操作已經失敗 ──虧損了。

- 從那個「身處未來的視角」，思考導致那個狀況發生的所有可能理由。將理由寫下來，再將這些特有的領悟，應用到你此時此刻的操作計畫上。

　　這種流程有時也被稱為「負面觀想」（negative visualisation）。先思考未來可能發生的阻礙和困難，再思考你可能會如何回應那些阻礙和困難，這樣你就能夠培養出情緒韌性，主動訓練自己在艱鉅的局勢中，保持更高程度的鎮定。

　　和我合作過的客戶當中，有些人確實能夠有效利用操作活動的事前調查來為自己創造利益，其中有一個是某家大型資產管理公司的基金經理人。以前，他總是擔心錯失市場機會，因此損失利潤。後來，我們一同實行了這項事前調查──我把他從當天早上帶到未來，也就是那天晚上。我要求他，在那天上班之前，先想像自己已經下班了，想像他那天錯過了某些機會。接著，他必須評估他錯失那些機會的原因。我要求他將那些領悟寫下來，帶著那些理由回到現實，也就是當下，把其中所有有幫助的理由，全部落實到他的操作計畫與投資組合建構的概念上。

第五部

聚精會神

11

訓練你的專注力

專注力很重要

艾倫・華勒士（B. Alan Wallace）在他的《專注力：禪修10階釋放心智潛能》（*The Attention Revolution*）一書中說明：「以對生活的影響力來說，鮮少事物能夠比得過專注力。如果我們無法集中注意力，就什麼事情也做不好。」[29]

聚精會神，專注在真正重要事務上的能力，是非常關鍵的績效表現技能之一。不管你是專職操盤手、運動員、音樂家、外科醫師或機師，或是在任何其他需要高效能表現技能的領域，這點都是一樣的。

你的思想、情緒、感覺和行為，會受到你把注意力集中在什麼地方的影響。你的專注力會對大腦造成影響，因為注意力的集中，會使用、形成並強化神經通路（neural pathways）。

你的活力會流向你的專注力所在之處。就操作而

言，個人專注力的品質會影響：

- 你聚焦在執行操作流程具體步驟的能力。

- 你對市場線索與資訊的留心程度。

- 你長時間維持專注的能力。

- 你及時發現自己分心——或許是因為市場雜音分心，或許是因為你自己內在的雜音分心，並且重新恢復專注的能力。

- 你的自我覺知能力，尤其是你當下覺知的能力。

- 你自我監控和自我調節思慮、情緒與感受的能力。

你保持專注的能力，有助於你維持整體的心理或認知健康，而且能夠帶來幾項重要的神經系統益處，包括：提高韌性水準、降低自然本能的壓力反應、強化情緒調節、減少衝動行為、改善整體的身心健康與生理安適感等。

所以，培養高度的專注能力，是防彈交易的重要一環。

訓練專注力

專注力是一種可以訓練的技能，透過幾項能促使你密切留意內在（包括思想、感覺、感受等）或外在（諸如聲音、景象、氣味等）的練習，你能夠培養更集中的專注力。

集中注意力的訓練，能夠藉由提高下列這幾種能

力，改善你保持專注的能力：

- 將注意力導向重要事物的能力。

- 維持較久專注力的能力。

- 更快察覺到你已經分心的能力。

- 更快重新集中注意力的能力。

典型的集中注意力練習，可能利用你的呼吸作為注意力的目標。這種練習讓你把全副注意力聚焦在你的吸氣與吐氣上，你必須試著抗拒分心，持續專注在你的呼吸上。如果你分心了，就平靜地再將注意力轉回到呼吸上，重新開始。

以你的呼吸為焦點有很多好處，包括很方便，到哪裡都可以練習。而且每次呼吸只會在當下發生，可以為此時此刻提供一個定錨點。另外，專注在呼吸上，能夠讓你接收到身體的生理感受。

我合作過的一位基金經理人，花了不少時間訓練專注力。他說：「從我開始訓練集中注意力之後，我發現我真的變得比以前更加專注了，比較不會分心，不管在操作或非操作的領域都一樣。」組織行為學教授馬克・芬頓－歐克里維（Mark Fenton-O'Creevy）做了一份研究，對交易者進行以正念為基礎的集中注意力訓練，結果發現，「即使是短暫的干預，都能夠成功促成某種警覺狀態，改善專注力、提高監控財務資訊的能力，並且改善財務決策的制定。」[30]

集中注意力小練習

在接下來的這個小練習中,你將以你的呼吸作為注意力的焦點。這項小練習會請你舒服地坐著,只管將你的注意力停留在你的呼吸感受上,讓你的注意力緊緊跟隨著你的呼吸節奏和速度、胸膛與腹部的起伏,感受氣息的流進流出等,你只要注意就好。當你開始分神了,只要留意你的心思轉向何方,再柔和地將你的注意力轉回到呼吸上即可。

首先,請你把背打直,舒服地坐著。當你感覺自在了,請你閉上雙眼,否則你也可以放鬆看向地板。

請將你的注意力聚焦在比較明顯的呼吸感受上——也許是呼吸的速度或節奏,也許是你胸膛起伏的感覺,也許是你的橫隔膜升降,或是鼻孔中的空氣流動。

當你發現你的注意力已經轉移——這是遲早會發生的事,而且通常很快就會發生——請你將專注力導回到呼吸的感受上。

注意力的轉移——分神——是很正常的,人類心智本來就如此運作。

正念訓練的其中一部分，就是察覺你有沒有分神。不管你分神了多少次，只要把你的心思重新導回到呼吸上就好。

這個小練習可以在不同的時間範圍內完成，取決於你想要什麼成果，包括：

- 做6〜10次呼吸：這是在同一交易日內快速聚焦或重新聚焦的練習。

- 做3〜5分鐘：這適合時間不多的人，或是想要簡短正式練習的人。一天可以做一到三次。

- 做8〜12分鐘：適合想在最短時間內獲得最大效益的人，這是日常練習。

- 做15〜20分鐘以上：適合想要更深度練習、獲得後續效益的人。

專注力訓練培養當下的覺知能力

仔細留意你此時此刻的體驗，這個過程能夠培養覺知能力——具體來說，是當下的覺知能力。覺知有兩面：首先是內在覺知，留意你在思考、感覺與做什麼；其次是外在覺知，也就是能夠意識到你周遭正在發生什麼事，能夠有效評估、吸收來自外在環境的資訊，並且適當回應那些資訊的能力。

　　自我覺知是創造高績效表現與防彈交易的一項關鍵。崔維斯・布瑞德貝利博士（Dr. Travis Bradberry）[31] 曾經針對一系列不同的職業進行研究，發現83％擁有高度自我覺知的人被歸類為高績效表現者，只有2％的最低績效表現者的自我覺知分數很高。

　　想要實現極高水準的績效，關鍵在於擁有自我管理或自我調整的能力，而這種能力高度取決於你的自我覺知能力。舉例來說，如果你沒有察覺到自己的情緒，怎麼可能有效管理那些情緒呢？能將覺知導向你當下即時的想法、情緒和感受，是擁有調整那些想法、情緒和感受的能力的先決條件，也是學會自我控制、謹守操作紀律的基本神經學概念。

　　我常用一個河流的比喻，解釋培養當下自我覺知的好處。當你身處河流之中，你處於流動路徑上。此時的你，隨波逐流，任由河流把你帶往它所到之處。你將因身處河水之中，體驗到這條河流的各種不同狀態。從平靜無波到波濤洶湧，而且你幾乎無法控制這一切，尤其是在流動速度快的急流水域。

　　然而，如果你擁有自我覺知與自我觀察的能力，便能取而代之地以居高臨下的姿態來看待這條河流，就像坐在直升機上俯視這條河流一樣。你將從非常不同的視角，留意這條河流的狀況。河流還是同一條河流，但是當你擁有自我覺知，你的體驗便有所差異，你可以做的選擇也會非常不同。這就是變得更有自我覺知的關鍵好

處：你會提升關注的能力，強化做出有效選擇的能力。

主動回應 vs. 被動反應

「然後提醒自己，過去和未來的一切，都無法對你造成任何限制。唯有當下的行動能夠影響你，但即使是當下的影響也可以降到最低，把那些限制拋諸腦後吧。」
——馬可・奧理略

培養你的專注力與覺知能力，可以讓你變得更自由，擁有更多的選擇。培養專注力與覺知能力，意味強化你對自身行為的控制。當你擁有高度的專注力與覺知能力，你會更有能力根據自身的意願來回應各種不同的局勢，而不是無意識地依據過去的心智與情緒經驗做出自然的本能反應。

對專職操盤手而言，這種能在斟酌後採取回應的能力（相對於自然本能反應的能力）相當關鍵，尤其是在面對沉重壓力或艱難時刻之際。在大衛・洛克（David Rock）的《別把腦袋放冰箱》（*Your Brain at Work*）一書中，加州大學洛杉磯分校正念覺知研究中心（Mindful Awareness Research Center, UCLA）的丹尼爾・席格（Daniel Siegel）教授精闢解釋了這個流程的神經力學。

「在做出自然本能反應之前稍微停下腳步的能力……
為我們的思維爭取更多空間，讓我們得以思考更多

不同的選項，進而選擇最合適的項目……隨著我們
得以更穩定、精準地專注在思維本身，先前無明顯
特徵的放電路徑會變得可察覺，進而變得可修改。
我們人類正是藉由這個方式，得以利用思維來改變
大腦的運作，最終改變大腦的結構。」[32]

　　這項在做出本能自然反應之前稍微停下腳步的能
力，是自我調整與自我控制的關鍵。若以操作領域的用
語來表達，它就是操作紀律的關鍵。

　　哥倫比亞大學社會認知神經科學實驗室（Social
Cognitive Neuroscience Lab）主任凱文・歐斯納博士
（Dr. Kevin Ochsner）是這麼解釋自我覺知的：「自我覺
知就是跳脫自身的臭皮囊，盡可能以客觀的眼光審視自
己的能力。」[33]這項跳脫自身臭皮囊、觀察自身經驗的
能力，被神經科學家類比為擁有一位無偏見的旁觀者，
也就是「本我觀察者」（observer self）。

觀察者

　　在我看來，透過集中注意力的練習培養當下覺知的
能力，是自我覺知的黃金標準，這項練習就是要訓練所
謂的本我觀察者。簡單來說，本我觀察者就是注意到另
一部分的你正在想什麼或有什麼感覺，有能力留意、知
曉你目前所有的體驗。

　　有位完成我的指導課程的原物料商品操盤手，在使
用集中注意力訓練之後，發現他的觀點出現了一項關鍵

轉變：「在操作時，我好像是以一個第三者的角度來觀察自己。」

在樊恩・薩普（Van K. Tharp）的《交易本事》（*Super Trader*）一書中，前基金經理人湯姆・巴索（Tom Basso）就他個人的自我覺知，提出了有趣的分享：

> 「碰上我感覺自己需要改進的局面，或者碰上我想要改善與他人互動的情況時，我會在腦海裡回顧一些重要事件，釐清其他人當時是如何處理那種局面的……我會想像有另一個湯姆・巴索就坐在房間角落，觀察此時此刻正在房間說話的這個湯姆・巴索。這個分身最有意思的部分是，隨著時間流逝，我發現他出現的次數明顯增加，不再只是每天晚上才會出現。」
>
> 每當我面對讓人感覺有壓力的局面，例如：開始操作、和許多人進行更多互動、推動業務成長、和客戶打交道等等，我都發現這個分身觀察者會出現來幫助我度過難關。以前，我只有在感覺尷尬或不安時，才能夠看到那個分身觀察者，現在這個觀察者時時刻刻都在現場。」[34]

若能客觀監控、反省自己的操作經驗，你就能夠妥善調整行為、修正你的行為。**自我覺知能力幫你跳脫每個人都不可避免陷入的無意識自動反應狀態，讓你有機會在你投注專注力與活力的領域，獲得更多更大的選擇與彈性，靈活調整你的思想、感覺和行為。**

本我觀察者練習

請你選擇一個舒服的坐姿,花點時間進行下列
幾項小練習:

- 留意你的身體和你坐靠的物件,以及地板之
  間的接觸點。

- 留意你周遭的所有聲響。

- 留意你的呼吸,包括吸氣和吐氣。

- 留意你的思緒。

- 留意你的感覺。

還有,留意剛剛有另一部分的你,正在傾聽聲
響、呼吸、思考、產生感覺。有另一部分的你
正在留意你自己,那就是本我觀察者。

12

聚焦在過程

最佳決策 vs. 最糟決策

想想過去十二個月你做過的最佳操作決策。接著,再想想你在這段時間內的最糟操作決策。

這兩項決策的個別結果如何?

- 你的最佳決策有幫你賺到錢嗎?
- 你的最糟決策害你虧損嗎?

我經常在專題討論會上提出這個練習,如果你和與會的99%交易者一樣,答案應該是兩者皆「是」。這凸顯了我們有根據結果來評斷決策品質的傾向,常以成敗論英雄;換言之,我們有「結果偏誤」(outcome bias)。

我們對成果的執念

在交易領域，某一筆操作的結果當然很重要。很多操盤手和操作機構非常執著於成果，這絕對可以理解，因為操作成果和薪酬、地位、職涯發展等息息相關。另外，操作成果也是最容易衡量與比較的客觀基準。

然而，對結果的執念，可能無助於我們做出最佳決策。「聚焦在成果對決策制定的影響」的相關研究，已經發現過度聚焦在成果的缺點，包括：[35]

- 績效焦慮上升。

- 認知能力下降。

- 風險趨避傾向上升。

- 聚焦在具備較高確定性結果的傾向上升，也就是更傾向趨避模糊性。

- 過度蒐集、使用資訊的傾向上升，包括有用與無用的資訊。

長期過度執著、聚焦在結果，也可能減弱創新、學習與承擔風險的意願。但這些都是不符合期待的，因為這三項特質對長期在瞬息萬變的市場上求生特別重要。

那麼，解決過度執著於成果的方法是什麼？

答案是：培養更堅定「聚焦在過程」的態度；這樣一來，不僅能對成果更有覺知，也會更用心留意是如何獲得成果的。而且，當你在執行操作時，就不用花那麼

多時間聚焦在是否賺錢,而是花更多時間聚焦在那個當下最重要的工作,也就是採取能使成功機率最大化的必要行動。

聚焦在過程

操作結果取決於你的流程、操作技巧和運氣,這是交易活動的本質。沒錯,運氣也有影響,或者用令人比較不難堪的說法:隨機性(randomness)。

了解這個事實,對你應對操作的方法隱含重大意義。其中,「聚焦在操作流程」特別重要,不是執著於你的績效和結果,也就是撲克比賽中所謂的「結果論」(resulting),用結果來評價決策的正確性,例如:用某一把的勝負來斷定全局的輸贏,而是專注在能將成功機率最大化的具體可行步驟上。

過程+運氣=結果

當一項活動牽涉到運氣,因果之間的關係就遭到破壞。以一項純粹講求技能的活動來說,例如:演奏小提琴,如果你能夠有效練習,一定能在短期內收到成效,長期也會更加精進。這類活動的因果相關性很高,素質加上刻意練習,就能夠改善個人的演奏能力。

一旦牽涉到運氣,就算你所有事都做對了,短期內的結果卻可能還是不盡理想。就操作來說,就算你確實遵循你的流程,有效執行你的策略,短期內你還是可能

虧錢。相反的，就算你所有事都做錯了，也還是可能獲得良好的結果。就操作來說，就算你嚴重缺乏紀律、不依循既定流程，結果還是獲利。

關於這點，有個和賭場有關的簡單例子，那就是你在玩二十一點（blackjack）時，拿到了十七點。此時，成功或然率最高的行動是在十七點打住，不要繼續補牌。長期來說，這個方法最能有效降低你輸給莊家優勢的機率。然而，你難免會想像：如果你補到一張四，就能順利湊到二十一點，贏得這場賭注。這就是劣質流程但獲得良好結果的例子之一——短期來說，你確實是贏了，但如果你持續使用相同的策略，長期下來你肯定會輸。

過程 vs. 結果

	贏	輸
優質流程	贏得理所當然	走霉運
劣質流程	好狗運	因果報應

上列這張圖表說明了「過程」與「結果」之間的關係，引用自《贏家決策》（*Winning Decisions*）一書。[36] 確實依循既定的操作流程可能會贏，也可能會輸；相同的，不依循操作流程可能會贏，也可能會輸。不過，純粹從統計層面來說，當你能夠一貫地依循既定的操作流程，假設你擁有具備某種優勢的操作流程和策略，那麼你成功的或然率將會比較高一點，不過成功的或然率也

會因不同的心理體驗與聚焦在流程的好處而提高。

在或然性績效表現領域，例如：市場交易等，聚焦在流程是成功的關鍵。和聚焦在成果比，聚焦在流程有幾個優點，包括：

- 減輕因績效而起的內在壓力和焦慮，減少因一時情緒而做決定的狀況。

- 使你更能夠深思熟慮，減少心理盲點。

- 讓你得以明確聚焦在重要的事情上。

- 長期下來，將會強化你做決策的能力。

從聚焦損益轉為聚焦流程

「當我見到焦慮的人，我會自問：他們到底想要什麼？畢竟，
如果一個人不想要得到自己無法控制的某種事物，
又怎會受焦慮所苦？」
——愛比克泰德

我在某一年九月的輔導工作初識約翰，那次我為一家投資銀行的外匯交易部門規劃了套裝課程。直到整個課程進行了好幾堂課之後，我們才漸漸看出約翰認為對他的操作有幫助的事物。他當時已經投入操作領域七年了，而且一直表現得相當優異。然而，他當時面臨一項嚴峻的挑戰，那是很多法人機構操盤手都會遇到的挑

戰，那就是每到操作年度的年底（以他來說，是12月31日），損益就會結清歸零。換言之，進入新年度時，他的損益數字是零，而他向來為了應付這個規定而頭痛不已，這個問題自然也成為我們的課程的焦點。

有很多操盤手覺得在損益為零時，他們感受到的賺錢壓力，比已經坐擁帳面利益時的賺錢壓力更大。以虧錢來說，該銀行的某些操盤手表示，以相同的虧損金額來說，如果你原本就已經攢了一些老本，虧錢的感覺會比從零開始虧錢稍微好受一點。

對約翰來說，這種壓力感受總會在年初時明顯浮現。他會不由得感到焦慮，害怕虧本。所以，他通常在年初階段，會採取風險趨避的防禦性操作風格，直到開始有一些好表現以後，才會漸漸轉變操作風格。近幾年，他還開始出現眼皮跳的症狀。令人訝異的是，這個症狀只有在年初時才會出現，等到他創造了足夠利潤，通常是在第二季，症狀就會消失無蹤。

透過我們的課程，我們先聚焦在覺察，聚焦在他的決策制定如何受到他的焦點轉移影響——從應該聚焦在市場操作與制定優質決策，轉為聚焦在為了損益而操作、努力不虧錢。

我們探討了每個局勢的不同聚焦點，了解他在每個局勢中察覺到的想法、感覺和感想，以及他當時採取的行動，還有這些行動的短期和長期影響。

約翰通常從1月1日開始，就高度聚焦在損益數字

上。由於經過幾個月的合作（大約從10月到12月底），我們決定共同努力引導他變得更能夠聚焦在流程上。這當然不是要他完全漠視損益，而是希望他變得比較能夠不執著於損益金額，變得更想了解自己「怎麼會賺錢或虧錢」，而不是一心只想著自己賺了或虧了多少錢。最終來說，新的焦點在於如何制訂優質的操作決策。

經過幾個星期，他透過日記流程反省自己如何制定決策，反思那些決策受到哪些因素的影響。最後，他終於不再那麼高度執著於結果，變得對他自己的決策流程與相關要素產生強烈的好奇心。

12月初時，這個新方法起初遭遇到嚴厲的考驗，當時他被一波不利於他的走勢套牢。那是一個流動性不佳的市場，導致他在那個操作年度即將結束之際，產生了鉅額的虧損，嚴重影響到他的損益與紅利。但有趣的是，根據他的回報，雖然他認為這是一筆「相當大的損失」（高達好幾百萬），他卻覺得自己回應得當。他還是保持平靜、鎮定，繼續聚焦在制定優質決策上，並沒有因為虧損而起的情緒和那些情緒可能衍生的自然反應性決策牽著鼻子走。

總之，相較於原本可能產生的虧損，他因為聚焦在優質決策的制定，得以將虧損降到最低。當然，他多少因為這樣的結果、帳面損益和損益發生的時機感到沮喪，絕大多數的操盤手應該都不例外。不過，他並非全無收穫，他體驗到了聚焦在決策、而非聚焦在金錢，對行為、情緒和

財務面的影響，這終究是個很棒的學習體驗。

　　我的輔導工作是在12月結束，我當然很想知道1月會發生什麼事，所以我們同意在開年後幾個星期見個面。結果呢？首先，約翰維持了聚焦在制定優質決策的習慣。他還是像以前一樣，在開年時感到些許焦慮（我認為這是正常的），但就程度而言已經不像往年那樣了。他的眼皮不再跳了，而且就損益來說，他那年有了一個很好的開始。

　　他體驗到的轉變——從執迷於績效和結果，變成執著於制定優質操作決策——真的非常戲劇化。

五步驟學習聚焦在過程

　　你可以採取幾項行動，讓自己變得較聚焦在操作流程上。我必須強調，「較」聚焦在操作流程，並不是變得「完全」聚焦在操作流程上；我並不鼓勵你完全漠視帳面損益，只是希望你能夠取得更好的平衡。

　　❶ 請你做出決定：你要變得較聚焦在操作流程上，這是成為防彈交易者必備的心態之一。請你了解聚焦在操作流程的重要性，把它列為你的操作原則之一。

　　❷ 請你下定決心，以成為較優質的決策制定者為主要目標，尤其要以改善你的決策流程為重心。如果你能夠變得更善於做決策，你實現完整操作潛力的機率就會上升。

　　❸ 培養興趣了解你的操作流程、市場和你的操作成

果之間的關係，並且一直保持好奇心。在你評估操作決策時，不要只聚焦在結果是「什麼」，你應該更聚焦在「如何」制定那些決策、你要採取什麼行動、你有什麼想法和感覺，以及相關脈絡是什麼。

❹ 時時留意你是否過度聚焦在自己的損益或成果上（無論是輸還是贏）。當這種情況發生時，請你一定要有自知之明，能夠捫心自問：「我目前應該專注在什麼重點？」

❺ 對某些人來說，為操作流程找到具體定錨點的方法之一，就是列出檢查清單。這份清單也是在操作週期的各個具體階段，提醒你要採取什麼行動與問自己什麼問題的好工具。檢查清單會讓你著重在任務重點上。

13

控制可控因素

無控制能力、壓力與市場

有一份研究對兩隻動物進行電擊，監控那兩隻動物的回應。關這兩隻動物的箱子裡，有一根可以用來關閉電擊的桿子，只有某隻動物能夠碰觸到這根桿子，所以這隻動物是控制要素之一，另一隻不是。到實驗結束時，這兩隻動物都暴露在一模一樣的電擊量中。然而，無法碰觸到桿子的那隻動物，體驗到比另一隻更大的壓力反應。

這項研究（或許有點殘忍）以實例證明了內在壓力與控制力之間的關係。當我們感覺可以掌控時，對內在壓力所做出的回應就比較輕微；當我們感覺比較無法掌控時，就會產生較激烈的回應。

控制力——即使只是以為握有控制力的幻覺——有可能減輕內在壓力反應。毫無控制能力會令人感覺很有壓力，若是再加上不確定性和經驗的新穎性，就是三大

可能引發顯著生理壓力反應的情況之一。

交易環境使得交易者每天都沉浸在這種三重壓力源當中。劍橋大學神經科學家約翰・寇茲（John Coates）在他對專職操盤手的研究中，每天監測操盤手的損益，評估操盤手每日損益的變異性，以此作為控制力的衡量指標。[37]他採集操盤手的唾液樣本，評估他們的荷爾蒙狀態，特別察看睪固酮和壓力荷爾蒙皮質醇的水準。寇茲發現，當操盤手的損益變異性提高，也就是無控制力的情況惡化，他們的皮質醇水準也會上升。

> 「在資產淨值回落期，想要降低部位規模，但又沒有能力降低，是令人感覺壓力非常大的情況。這個問題經常在信用市場真實上演，因為信用市場的流動性，有可能在一瞬間消失無蹤。」——某基金經理人

控制力二分法

「控制可控因素」是運動與績效心理學的口號，甚至已經成為老生常談。但這是一項相當可靠的建議，作為市場交易者，這是創造個人當下與長期最佳績效的絕對必要元素。

我們已經討論過，聚焦在可控因素能夠降低壓力反應；一旦壓力反應降低，就能釋出心理與生理資源（能量），讓你得以將那些能量配置到更有利頭的用途上，也就是有效執行你的操作流程。

　　「控制可控因素」不是什麼新概念，它其實也是斯多葛哲學的關鍵原則之一。斯多葛哲學的主要實踐之一，就是要擁有區分可控與不可控因素，以及可改變與不可改變因素的能力。

> 「人生的主要任務說來簡單：明確辨識與區分各項事物的差異，以便分清哪些是我無法控制的外部因素，哪些又和我實際能夠控制的選擇有關。那麼，我要在哪裡尋找善與惡？不是在不可控的外部因素裡找，而是反躬自省，在自己的選擇裡尋找。」
> ——愛比克泰德

　　愛比克泰德說的這項原則，有一個比較廣為人知的版本，就是在戒毒計畫中相當常見的〈寧靜禱文〉（"Serenity Prayer"）：

> 「神啊，請賜給我平靜接受我無法改變的事情的氣度，改變我能夠改變的事情的勇氣，以及分辨這兩者差異的智慧。」

　　概念是一樣的：先覺察，然後聚焦在你能夠控制的事物上。

　　蘇珊・科巴薩博士（Dr. Suzanne Kobasa）有關培養抗壓力的研究，說明了控制力是培養抗壓力的關鍵要素之一，另外兩項要素則是承諾與挑戰。[38]控制力可分為兩種：內部控制力與外部控制力。

- 擁有「**內控傾向**」（internal locus of control）的人，深知他們無法控制所有在人生中與操作活動中發生的外部事件；不過，他們確實覺得「自己可以選擇」如何回應那些事件。

- 擁有「**外控傾向**」（external locus of control）的人則是認為，他們幾乎無法控制發生在他們身上的事，這是比較聽天由命的態度。

內控傾向有助於減輕壓力反應，我們可以在維克多‧法蘭柯（Dr. Viktor Frankl）的著作裡，找到一個極端的例子。法蘭柯博士是一名精神病學家，曾被監禁在奧斯威辛猶太集中營。他在《活出意義來》（*Man's Search for Meaning*）一書中，[39] 談到了人類的最後自由是選擇如何因應各種局勢的能力，無論是多困難或多麼突然的局勢。

愛比克泰德在《語錄》（*Discourses*）中也表達過相同的觀點：「講臺和監獄各是一處，一高一低。不管你身在其中任何一處，只要你願意，都能夠維持選擇的自由。」

加入油輪船員行列的快艇駕駛

馬修是經驗相當豐富的操盤手，他剛轉任一家大型投資公司的基金經理人。對他來說，這個職務是全新嘗試，在這家以向來「只做多」且聚焦在基本面著稱的投資公司，他的立場非常獨特，因為馬修是一位短線操盤手，比較側重技術面的要素。

　　基本上，他就好像一名加入油輪船員行列的快艇駕駛。我們在他接任這項新職務後的幾個月，為了指導課程見面。課程的目標是要幫助他，創造屬於他的最佳績效。他沒有犯什麼錯，也沒有闖什麼大禍，他是我合作過的客戶當中，已經表現得非常優秀的那20％之一，他找上我的原因只是為了更上一層樓。就在我們合作不久後，一個重大挑戰出現了。

　　馬修是一個非常積極創造可能最佳成果的操盤手，而且他是基於自我滿足的心態，希望創造優異的表現。在某種程度上，他當然想藉由為公司創造報酬，證明公司破格錄用他是對的，尤其他很想給他的上司一個交代，因為他錄用馬修確實是有點冒險。

　　不過，公司方面並未能及時為他安排好操盤所需要的配備。公司的延宕，導致他當時連重要的設備和技術都沒得用。因為這樣，他無法進行某些關鍵的市場操作；此外，公司方面也尚未對他設定風險上限。

　　總之，公司落實各項事物的速度非常慢，一切都很官僚。結果，他愈來愈沮喪，感受到愈來愈大的內在壓力。他在一堂教練課程中表示，這裡的所有人事物都在扯他後腿，我能感受到他愈來愈強烈的憤怒。於是，我們條列了他感覺會有助於他創造個人最佳績效的所有必要事物，包括內在因素與外在因素。我們評估有哪些因素已經就緒，哪些還付之闕如。

　　我給他的下一項任務，就是要求他在每個項目旁邊

寫下C、I或A。

- C代表「我可以控制的」。

- I代表「我可以影響的」。

- A代表「我接受我目前無法控制的」。

我們利用這個模型來決定，應該把他的時間和活力配置到哪些項目最好。在多年後的今天，我們還會討論這個話題，因為這個做法確實有效降低了他的內在壓力水準，改善他的績效。

CIA框架

我常用CIA框架，幫助客戶體察他們「可控」與「無法控制」的因素。操作時，辨識你「有能力控制」與「無法控制」的要素非常重要。誠如前文提過的，即使是「以為握有控制力」的幻覺，都能夠舒緩壓力反應，而較輕的壓力反應將能夠促進更理想的認知功能運作，強化決策制定。

能夠有效分辨「可控」及「不可控」因素，能讓你將精力集中在對你最重要的操作領域 —— 為你帶來最大報酬的領域。

你的活力會流向你的專注力所在之處，時間和專業技能也一樣，這是三項關鍵的資源，而你的績效將顯著受到你將這些資源集中到哪些地方影響。

請你花點時間思考，你個人在操作方面有什麼CIA，

CIA框架與你的資源

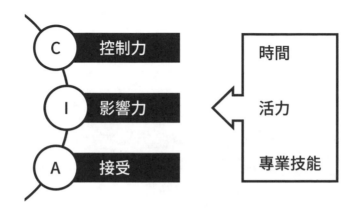

我的操作CIA

控制力	
影響力	
接受	

這項練習或許對你會很有幫助。多年來，我和很多接受我輔導的專職操盤手花了很多時間進行這項練習，這些時間花得非常超值。理想的狀況是，你會在「研擬操作流程」比較廣義的脈絡下，釐清一些問題。

隨控制能力而來的責任與回應能力

當你擁有控制能力，也會產生某種責任感。當你是外控傾向，認定你對發生在自己身上的事無能為力，你很容易甩開對自己的決策制定的責任感。

那就像在艱難的海象條件下，被動地坐在一艘快艇裡等待風暴結束——不調整風帆、不控制船舵，不採取任何可能有幫助的行動。然後，就算你最後漂流到錯誤的港口，也不是你的錯，都是天氣的錯。

一旦你開始覺知到控制力二分法，採納較為內控的傾向，聚焦在你能夠控制的因素，採取在限制條件內最有幫助的行動，你等於主動承擔了更大的責任，為自己的行為、操作決策和操作成果負起責任。

這不是壞事，畢竟不管情況看起來有多糟，你總是能夠採取一些行動，設法改善你的處境。不過，除非你主動為自己的績效扛起責任，你一定很難落實那些行動。

當你了解你有能力控制與無法控制的因素後，你便得以培養自己的回應能力。我們在第9章「欣然接受不確定性」看過，市場的不確定性，意味著市場上隨時都有你無法控制的事件發生。你沒有能力控制那些事，但

你有能力控制你回應那些事件的方式,也就是你的回應
能力。

**在艱難的操作環境下,一旦你聚焦在自己能夠控制
的事上,不是一味煩惱自己無法控制的事,好事就會開
始發生。**

第六部

交易的
各種不安

14

澹然面對不安

操作的不安感

不安感是所有從事市場操作的人都常經歷的共同感受。市場上有五花八門的事件與局勢，很容易引發各種不同形式的不安感受，這些事件與局勢包括：

- 認賠出場。

- 續抱持續上漲的部位。

- 市場波動性上升。

- 連續虧本／資產淨值回落。

- 部位慘遭套牢虧損。

- 錯失良機。

- 市場低迷──令人感覺無趣乏味。

- 犯錯。

- 未能善用操作良機獲利。

- 觀點錯誤。

- 市場條件改變。

- 績效表現比不上同儕。

- 投資人贖回。

- 不確定性。

- 經驗不足與非預期事件。

這些都是市場操作實務必然會發生且無法排除的事件和局勢，你只有兩種選擇：1.）盡力規避這些事件和局勢，試圖逃避隨著這些事件和局勢而來的不安感，並且接受這樣的應對方式可能對你的報酬產生的負面衝擊；否則你也可以 2.）選擇培養澹然面對這些事件與局勢的能力，提高報酬最大化的機率。

厭惡與逃避不安感的代價

保羅是倫敦一家大型避險基金的操盤手，他在市場上擁有一種強大的優勢，總是能夠搶在絕大多數的競爭者之前，及早發現操作機會，及時介入操作。不過，他並未因此過得幸福快樂，儘管市場最終都會朝著他預測的方向前進，但是在整個過程中，他經常得忍受市場擺明了和他作對或市場波動不如他預期的不安感。

但為了將長期報酬最大化，保羅必須願意忍受短期的不安。

　　面對操作上令人不安的局勢時，你當然可以選擇逃避那種不安感，但你也可以選擇接受，設法有效應對。刻意規避不安感的交易者，可能會出現厭惡虧損、厭惡後悔、害怕看法錯誤、厭惡曖昧不清、害怕錯失機會與從事無聊操作等傾向。逃避不安感的行為很正常，純粹是人性使然；不過，這種傾向也絕對會導致你無法盡可能實現報酬最大化。

> 「人類選擇安逸的傾向，
> 將導致多數人獲得比隨機結果更不堪的成果。」
> ──威廉・艾克哈特（William Eckhardt），
> 海龜計畫發起人

　　因此，所有交易者要面對的核心心理挑戰之一，就是如何管理因很多不同操作局勢而產生的短期不安，以期獲取個人策略的長期利益。

　　很多交易者經常要面對這樣的抉擇：要做令人感覺愉快與安逸的事（例如：逃避痛苦，感覺快樂）？還是做真正重要、但可能令人不安的事？很多交易者會為了短期安逸犧牲長期的利益。

逃避短期的不安可能使較長期的報酬降低

| 短期規避 安逸 | 長期後果 |

| 短期接受 不安 | 長期利益 |

舉例說明逃避不安感的代價：

行為	短期安逸	長期後果
前一筆操作虧損後，逃避出手建立新的操作部位。	避開了再次虧錢的操作，感覺比較不焦慮。	錯失操作良機與利潤，感覺沮喪。
為了避免吐回已經到手的操作利潤，在原定獲利目標尚未達到以前，就急著出清一項有利潤的操作部位。	不必再擔心失去已經透過這項操作部位賺到的利潤，也不再需要擔心如果市場回檔，會有多麼令人扼腕。	市場繼續朝著先前預測的方向波動，我也失去原本可從這筆操作獲得的可觀利潤，感覺超失望的。

你在操作時，會逃避或想要擺脫什麼想法、情緒和感受？

> • 你目前是用或曾經用過什麼方式逃避、擺脫
> 那些想法、情緒和感受？
>
> • 這種逃避的態度，讓你付出或曾經付出什麼
> 代價？

不安感的好處

　　不安感也能夠帶來心理與生理上的好處，你一定聽
過「殺不死你的，一定能讓你變得更強大」這句話。

　　本書的兩大目標是要：

1. 幫助你變得更有韌性應對壓力反應，培養你的抗壓
  能力與生理韌性。

2. 幫助你培養強健的心理技能，妥善應對壓力事件、
  困難與挫折。

　　一味逃避壓力、挑戰、不安感和困難，都無法達成
這兩項目標。相反的，唯有「暴露」在壓力與困難之
下，你才能養成這些生理適應性和心理技能。

　　**唯有讓你的身體暴露在壓力之下，你才能真正更善
於應對壓力。**有一份對專業外匯操盤手進行的研究，以
實例清晰闡述了這種生理效果——曝光效應（exposure
effect）。這份研究同步追蹤了這些操盤手的壓力反應和
市場波動性的變化，[40]結果顯示，同樣是應對市場波動

性上升的狀況，經驗較豐富的操盤老手所顯露出來的壓力水準，明顯低於較稚嫩的操盤手。那是因為透過多年的經驗累積和市場波動性的洗禮，較年長的操盤手早已習慣這些事件所造成的壓力、已經適應了那些壓力，所以表現出來的自然本能反應，才會明顯不像操盤新手那麼強烈。

相同的，若你想培養強健的心理技能，靈活應對令人倍感壓力、艱難的操作局勢，你就必須暴露在那樣的局勢之下。你可以藉由閱讀來了解要如何應對那些局勢、學習各種技術和策略，並且研擬行動計畫，就像你現在閱讀這本書的目的，就是想要學習如何應付那些狀況。但唯有在真正攸關重大的時刻應用那些學習、技術、策略和計畫，你才能夠真正獲益。

為了能夠受惠於不安感的好處、將你的市場報酬最大化，你必須要能夠澹然面對不安，讓你自己暴露在不安感之下，願意接受不安的想法、感覺和感受。

意願：接受挑戰與困難的洗禮

很多交易者展現的各式各樣趨避行為，例如：厭惡虧損、厭惡後悔、害怕看法錯誤、厭倦、厭惡曖昧、害怕錯失機會等，都會導致利潤降低。如果你不希望你的利潤因為那些行為降低，有什麼替代方案可用？

「逃避」的替代方案就是「願意接受」，但這不是被動、認命，因此願意接受，也不是以「容忍」的方式接

受，而是敞開你的胸懷，心甘情願接受將隨著虧損、犯錯、錯失機會、觀點錯誤與其他很多操作局勢而來的內在經驗所引發的不安感。你不需要喜歡那些經驗，也不需要為了願意接受那些經驗而主動爭取或認可；你需要學會看開這一切，不再為了逃避這些內在經驗而作困獸之鬥。

交易者若想要培養因應壓力、挑戰與艱難事件的心理能量，必須進行的最根本轉變之一就是：培養坦然面對不安感，澹然處理煎熬的情緒、想法和感受的意願。一旦有了這樣的意願，再結合堅定的行動（這是操作紀律的根本要素之一），就能夠順利度過許多艱難的操作時期。

重點是：培養你心甘情願接受煎熬想法、情緒和感受的意願。這件事背後的真正意圖，是為了讓你能夠採取有效的操作行動。當你有了這樣的意願，就能夠甩開那些內在體驗的糾纏，毫無罣礙地採取能夠提高成功機率的具體步驟。

想要有那樣的意願，你必須先敞開心胸，接納令人不安的想法、情緒和感受，甚至主動迎向它們。充分體驗那些想法、情緒和感受，接受它們的本色，不要試圖改變它們。隨著你的意願提高，你就會漸漸從厭惡虧損變成接受虧損；從厭惡曖昧變成接受曖昧；從厭惡後悔變成接受後悔……而這些轉變都能對你的操作行為、決策和市場報酬帶來相當顯著的差異。

培養接受——甚至主動——追求挑戰與困難體驗的

意願，能夠讓你獲得很多利益，其中最重要的一項是：這樣的態度將讓你有機會接觸到那些體驗。一旦能夠接觸到那些體驗，你就能夠獲得心理與生理上的利益，這些利益是培養抗壓能力、意志力與韌性的核心要素。

一言以蔽之，意願就是實際接受挑戰與困難的洗禮。

- 你必須採取哪些具體的行為和行動，才可能促使你以最佳狀態進行操作，實現你的最大操作潛能？
- 你是否能夠心甘情願地接受可能在你付諸行動追求個人操作目標的過程中出現的煎熬內在體驗？

培養意願：變得善於應對不安感

「意願」和「接受」可分為很多不同層次：

- 心甘情願接受和操作有關的現實，不管當下的現實有多麼辛苦、艱難、具挑戰性。不期待它有所不同，只要採取所有可能有效的行動就好。

「不要追求一切發展都如你所願，而要期待所有事情都能順其
自然發生──那麼，你的人生將會順順利利。」
　　　　　　　　　　　　　　　──愛比克泰德

- 心甘情願接受你在操作上「能夠控制」與「不能控
  制」的事物。企圖控制或擺脫讓你感到煎熬的內在
  體驗，反而可能導致那些體驗變得更糟，對你的操
  作決策與成果造成不利的影響。

「人生的主要任務說來簡單：明確辨識與區分各項事物的差異，
以便分清哪些是我無法控制的外部因素，哪些又和我實際能夠
控制的選擇有關。那麼，我要在哪裡尋找善與惡？不是在不可
控的外部因素裡找，而是反躬自省，在自己的選擇裡尋找。」
　　　　　　　　　　　　　　　──愛比克泰德

- 心甘情願接受你內心浮現的所有不安與煎熬想法、
  情緒和感受。你必須要能夠與它們共處、主動迎向
  它們，同時持續集中心力，採取堅定、有效的行
  動，應對你所處的局勢。

「你只需要做到：此時此刻客觀判斷，此時此刻採取無私的行
動，此時此刻心甘情願接受所有外在事件。」
　　　　　　　　　　　　　　　──馬可‧奧理略

　　我有一個客戶某次在教練課程中，體驗到了他所謂的
「轉捩點時刻」，我們當時是在討論他因為操作感覺到的
不安想法、情緒和感受。他獲得這個重大突破時刻的原
因是，當時我告訴他，他所經歷的一切，和其他操盤手向
我述說的狀況一模一樣。也就是說，有過那些經歷的不只
是他，只要有過專業操作經驗的人，都會經歷那樣的不安
感，它是交易固有的一環，也是人性常見的反應。

　　當你將不安感視為常態、一種日常體驗，就能夠改
變你和它之間的關係。你會變得比較不厭惡不安感，因
此變得更有韌性，能夠做出更優質的決策。

意願與不安感練習

　　加圖（Cato）是最知名的斯多葛主義者之一，他的
財務狀況非常優渥，絕對擁有錦衣華服的資源，但他卻
經常選擇赤腳在羅馬漫步。很多斯多葛主義者也是一
樣，雖然富甲一方、大權在握，也會刻意選擇在某些日
子裡，過上簡單或甚至簡陋的生活。這種行為的目的，
是要對困境進行演練。

　　針對困境進行演練，能讓我們變得更強大、更有韌
性，我們將因此得以澹然面對不安感。斯多葛主義者進行
各種自我訓練的目的，也是為了擁有應對各種不同情境的
能力。他們體悟到，不安感是生活日常，若想擁有善於應
對任何一件事的能力，唯一的方法就是對那件事多加練習。

　　斯多葛主義者對困境進行演練的另一個方法，就是

進行負面觀想——想像他們處於困難的局勢。經過這個觀想過程,萬一任何先前觀想到的事件真的發生,他們就有能力以更鎮定的態度去應對那些事件。這和諸如壓力免疫訓練等現代心理學方法很類似,現代民眾透過這種訓練,花時間觀想各種困難的局勢,進而演練應對技能與可能的回應方式。我也常對我的操作圈客戶使用這類心理訓練策略,目的就是要協助他們對不安感進行演練,變得更能澹然面對不安感。

下列是一個簡單的練習範例,你可以用它來預演如何對你自己的操作敞開心胸,心甘情願地接受因操作而產生的不安感。

回想你在操作時曾經經歷過的某個令你感到有壓力、困難或挑戰的局勢——也就是令你不安的某種狀況。

- 留意你當時有什麼想法、情緒和生理感受。

- 留意你當時有沒有任何努力想要擺脫那些想法、情緒和生理感受的念頭、衝動或企圖。

- 取而代之的,看看你是否能夠敞開心胸,接受那些想法、情緒和生理感受在當下的本色,不嘗試擺脫或改變它們。

和這股不安感和平共處。沒有必要做任何改變。

你還可以更上一層樓,在整個演練過程中,加入你想在那些局勢採取的行動——和你的操作目標、價值觀與流程一致的行動。

- 回想你想在這個局勢或事件中展現的某項優勢或素質。

- 在內心想像,你採取了你想在這個局勢中採取的有效行動,按部就班地依循你的操作流程,沉著表現。

15
擺脫負面想法

思考你的思緒

你有哪些庸人自擾的想法、憂慮、自我批評、回憶或其他無濟於事的想法，會阻礙你的操作決策和成果？

專業操盤手會花很多時間思考他們的操作、他們的部位，以及其他操盤手會怎麼做。當然，他們也會思考市場的狀況。不管是在市場開盤期間或收盤後，他們都會思考這些事。

有時候，這些想法是有幫助的，這些想法能夠驅使專業操盤手採取有助於累積個人歷練的有效行動。但有時候，這些想法並不是那麼有幫助，操盤手有時候會過於庸人自擾，把自己困在那些思想窠臼裡。他們會過度沉迷於這些想法，最終反而從事一些導致操作報酬降低的行為。

由於市場操作牽涉到極大的挑戰，參與市場操作的

人自然容易產生煎熬的想法。前面提過的，很多反應都是基於人性，人類的心智就是這樣運作的。

你應對這些煎熬想法的方式，將會顯著影響到你制定的決策，乃至於你獲得的報酬。

> 「我有時候會因為這件工作所引發的陣陣劇烈焦慮而感到痛苦。破壞力最強大的想法，和我對自身能力與流程的不理智負面感覺有關。舉例來說，儘管我投入這個職涯迄今已經創造了大約五億美元的利潤，其中一億美元是去年一整年創造的，但我卻因為今年的兩千萬美元虧損，開始質疑自己是不是無法勝任這個職務。在某個層面上來說，我明知道這樣的想法很不理性……卻無法阻止自己幾乎每天這麼想。」——一位基金經理人

這是一個很好的例子，當事人是曾經與我合作的某位成功基金經理人。這個例子清楚說明了，我們的想法確確實實會對我們產生顯著的影響。

我聽過很多成功的專業操盤手和基金經理人質疑自己可能不夠好，儘管有包山包海的證據可以確認他們真的很夠格。

人心是善變的，我們的內心很容易被最近且較具威脅性的事物左右。所以，我們常一心一意地聚焦在最近的虧損，淡忘長期的績效，因為壓力反應會導致我們將注意力和思維集中在短期內發生的事物。於是，我們開始對自身的能力產生不理性的懷疑，但我們可以設法努力恢復理性，擺脫那些不理性的懷疑。

白熊效應：愈壓抑，愈容易產生反彈

安靜地坐著五分鐘，試著不要想白熊。

每當你逮到自己正在想白熊時，在某個地方做筆記，對你自己記點。

請問：你在這五分鐘內，想到幾次白熊？

這個小練習引用自已逝哈佛大學心理學家丹尼爾・韋格納（Daniel Wegner）在 1987 年進行的一份研究，這份研究聚焦在「思想壓抑」（thought suppression），試圖了解當你嘗試不要想某件事物時，會發生什麼事。[41]韋格納的研究參與者被要求利用各種壓抑技巧來避免想到白熊，如果他們真的在那五分鐘內想到白熊，就必須按下響鈴。

研究發現，利用各種壓抑策略來抗拒想白熊，反而會讓人更常想到白熊，這個現象就是所謂的「諷刺性反彈效應」。有趣的是，在這個實驗剛結束之際，這個效應甚至比實驗中更加顯著。

對交易者來說，壓抑與控制策略可能不是管理個人心智的最有效方法，尤其是在面臨多重壓力源和困難局

勢時。壓抑也需要新陳代謝，它需要能量才能進行，而且會消耗大腦資源，結果導致你的焦點偏離手上的工作。

放棄掙扎

「我不能現在出場。」

「市場一定會反彈。」

「你承擔不起認賠殺出的代價。」

「你需要靠這筆操作才能成為贏家。」

這些都是我的客戶拉喀什面臨認賠出場的局勢時，經常會產生的一些想法。如果他先前的操作才剛認賠出場，或是已經連續幾次認賠出場，這些想法會更容易浮現。

拉喀什管理自身心智的策略是：試圖漠視他的想法。不去想那些想法，或者試著想其他事情，其他比較正面的事情。這些都是一般常見管理個人思維的典型方法；仔細想想，說不定你也曾經用過。

不過，漠視那些想法的結果是，拉喀什感覺自己永遠都忙著在和自己的想法鬥爭。他的說法是「打仗」——而他感覺和自己的想法打仗，實在很累。

很多與我合作過的專職操盤手，都會和他們在操作時浮現的無謂想法打仗。在面臨困境與內在壓力爆表的時刻，那類沒有幫助的想法很可能會出現，這很正常——某種程度來說，這是大腦的正常運作模式。所

以，就算那樣的想法出現也不是那麼要緊，真正要緊的是：你要怎麼管理那些想法？

想要妥善處理煎熬的想法，需要培養四項關鍵心理技能：

1. **覺知**：將你的想法單純視為想法。

2. **可行性**：判斷一個想法是否有幫助？或是流於天馬行空？

3. **脫鉤**：學習如何「擺脫」煎熬且無益的想法。

4. **行動**：採取堅定的行動；遵循你的流程。

1. 覺知

若你想要有效管理你的心智，你必須在產生想法的當下，即時覺知到那些想法，這就是集中注意力訓練和培養當下覺知那麼重要的原因。

下列是一項簡單的小練習，你可以利用這項練習來訓練你留意自身思維的能力。這項練習能夠培養你的「後設認知」（metacognition）——你對自身認知的認知。

請閉上你的雙眼，專心留意你的心智在做什麼。觀察你內心浮現的所有想法或影像，但不

要刻意去尋找。如果你內心沒有想法或影像浮現也沒關係，只要繼續觀察就好。

- 你或許可以為你的想法貼上標籤，例如：「規劃」、「擔憂」、「判斷」等。

- 留意有一部分的你正在思考，但另一部分的你正在觀察那個正在思考的你。

　　這項小練習能讓人獲得兩項益處：首先，這是開始覺知你的想法的最好方法之一；第二，這是讓你學會區分「你」和「你的想法」之間的差異的關鍵步驟，這個差異非常重要。

　　想法是心理事件；想法不是你，而且想法也不盡然是事實。我們無法時時刻刻選擇要讓哪些想法出現在我們的心智，但是我們能夠選擇要給予那些想法多少關注，也能夠選擇要如何與那些想法相安無事。

　　若能將想法視為想法——視為心理事件——你就能用不同的方式體驗你的想法。你能用不同的方法和那些想法和睦相處，你也可以有效管理那些想法，降低那些想法對你的影響，包括對你採取的行動、你依循操作流程的程度，以及你是否採取有利於提高成功機率的行動等的影響。

2. 可行性

我們很常用一個想法是正面或負面的角度來審視我們的思維，然而一個想法的正面或負面，其實取決於你所處的情境。所以，用「可行性」的角度來檢視想法會比較有幫助。

這個想法正幫助我採取符合我的流程、價值觀和目標的有效操作行動嗎？

如果是，那它就是可行的，你什麼事也不用做。如果這個想法會阻礙你採取有效的行動，那它就是不可行的，可能必須加以管理。

在任何特定情境下，一個想法可能有幫助，也可能沒有幫助，可能可行，也可能不可行。所以，不要一直聚焦在一個想法是正面或負面的，這樣你才能夠更妥善掌握你的思維的功能。這麼做，也能夠提高你的心理彈性，這是更加靈活管理個人心智的方法。

3. 脫鉤

「根本不可能在這些市場賺錢。」

請想像你也和我的某位客戶一樣，產生了這樣的想法。而且，你不只是有這樣的想法，還非常堅定相信這個想法。由於你深信這個想法，你根本看不到任何能夠超越的方法。

　　這就是所謂的「糾結」（fused），更簡單的說法是「執迷」（hooked）。這個現象會對你的操作行為產生怎樣的影響？或許，你會因此留意到你有一些內在壓力和焦慮；一種不賺錢也認了的感受，甚至會覺得不值得對此投入那麼多的努力。另外，你還會出現一種奇怪的傾向：老是採用無濟於事的行動方針。

　　然而，「根本不可能在這些市場賺錢」只是一個想法，本身沒有什麼問題，問題出在你自己無法擺脫這樣的想法，一直糾結在這個想法上。

　　認知糾結（cognitive fusion）：指我們誤把想法當成根深蒂固、無法改變的永恆真相。換言之，我們把想法當成必須遵守的規則，或是必須逃避的威脅，或是當下無法阻止的事態。而且，我們還把想法當成最重要的事情。

　　認知脫鉤（cognitive defusion）：則是體察到想法可能是真的，也可能不是真的；換言之，體察到想法不是你必須遵守的命令或規則。你體察到想法可能很重要，也可能不重要。另外，你體察到你可以允許想法來來去去。

　　「糾結在一個想法」與「和一個想法脫鉤」的差異，會對操作行為產生相當顯著的影響。

　　請試著做做這個簡單的小練習，做完之後，你將感受到糾結於某些想法或不糾結於某些想法

之間的差異，同時感受到脫鉤的過程。

- 想想你在操作時曾經歷過的某個艱難局勢，以及你在那個局勢產生的某個煎熬想法。

- 把你的想法寫在一張A4紙上，字愈大愈好。

- 把這張紙拿到你面前 ——你的正前方，花點時間留意你對這張紙有什麼感覺。

- 現在把紙拿到一臂之遙的位置，花點時間留意你對這張紙有什麼感覺。

- 現在把這張紙放在你的膝蓋上，花點時間留意你對這張紙有什麼感覺。

最後，請你比較一下這三種體驗。

　　我的客戶在做完這項練習後，常見的反思包括：他們觀察到，當這張紙（想法）很接近時，他們很難看到其他事物；換言之，此時這張紙支配了他們所有的體驗。而當這張紙被拿到一臂之遙的位置時，他們感覺自己和那個想法有了一點距離，此時它感覺比較不那麼強烈；然而，此時我的客戶也感覺到，需要耗用一點精力才有辦法把紙張固定在那一臂之遙的位置。最後，當他們把紙放在膝蓋上時，他們覺知到那個想法就在那裡，

但此時它不再支配他們的體驗，而且不像把它拿在一臂之遙的位置時那麼費力。

最簡單且最基本的脫鉤策略，就是把想法當成想法，當成心理事件，而不是事實、不是命令、不是真相，也不是必須遵守的規定。一旦你做出這樣的轉變，就能立即擺脫思維的束縛。

當你覺知到某個想法可能在你的操作上不可行，你也可應用下列幾個簡單的脫鉤策略來擺脫那個想法。

在你的想法之前，加上「我正在想……」或「我留意到我正在想……」或「我留意到我的內心正在想……」等句子，例如：

- 「我正在想根本不可能在這些市場賺錢。」
- 「我留意到我正在想根本不可能在這些市場賺錢。」
- 「我留意到我的內心正在想根本不可能在這些市場賺錢。」

用非常緩慢且刻意的方式，說出你的想法。

現在，請你把你的想法寫下來。

　　保持寫操作日記的習慣——不僅要寫下你的操作，還要寫下你對你的操作有何想法——能讓你自然而然與那些想法脫鉤。只要寫下你的想法，你就能夠體察到，那些就只是想法，並且能夠從遠處觀察那些想法。

　　在教練課程上，我經常請客戶在一面活動掛圖上寫下他們的想法，請他們看著他們寫下的想法，接下來要他們後退幾步，再次看著那些想法。掛圖上寫的想法的內容並沒有改變，但是他們對那些想法的感受，以及他們與那些想法的關係，卻隨著他們和掛圖之間的距離改變。

4. 行動

　　最後，我要提醒你一個重點：管理個人想法的目的，是要讓你得以持續聚焦在行動上，讓你能夠專注採取能在市場上創造最大成功機率的必要行動，也就是盡可能以一致且有效的方式執行你的操作流程。

　　行動永遠是最攸關操作成果的要件。

以一個坐姿狀態，反覆對你自己說「坐下」，但是在你說「坐下」的同時，請你站起來。接著，從站姿狀態反覆對你自己說「站起來」，而在說「站起來」的同時，請你坐下。

> 這個簡單的小練習，有助於對你自己證明：當你
> 有一個想法，你絕對有可能做出和那個想法完全
> 相反的行為，尤其當你不執迷於那個想法時。

　　你有可能一邊想著「我擔心虧損，我必須出場」，
一邊續抱你的操作部位，如果續抱符合你的操作流程。
前提是你覺知到這個想法，能夠接受這個想法、試著與
它脫鉤──「我留意到我的內心正在想：我擔心虧損，
我必須出場」，同時堅定執行你的流程。

16

處理因壓力而起的情緒

操作和生活一樣情緒化

「在從事操作時，我覺得憤怒與沮喪是對我最具殺
傷力的兩種主要情緒。最讓我憤怒的是操作表現很
糟或低於目標——當我表現不好，我會變得非常沮
喪，而沮喪進而導致我做出衝動的決策或是徹底錯
誤的操作決策。」——一位自營業務操盤手

生活中充滿情緒，操作也是一樣。市場操作使得交易
者暴露在各種人類體驗的高潮與低潮之中，而且
可能是非常高亢的高潮和非常低迷的低潮，從陶醉、興
奮和欣喜，到恐懼、焦慮、憤怒、沮喪、悲傷和絕望等。

回想一下你個人的操作。你曾經歷過哪些情緒？

焦慮的操盤手

大衛是某大領導型投資銀行的操盤手之一。在我們見面前十二個月，他剛搬到英國擔任某個新興市場操作部門的主管。在那之前，他已經有三十八年相當成功的市場操作經驗，他的專長是操作他的本國通貨兌美元的部位。

他在他專長的市場累積了非常深厚的經驗，所以他是其他操盤手非常寶貴的資訊來源。他之所以搬到倫敦，是基於專業和個人因素的綜合考量。

大衛找上我為他提供輔導的原因是，他當時的操作績效低於他自己的期待。為了信守盡全力成為最佳操盤手的堅定自我承諾，加上擔心被團隊——還有他的主管——看衰，所以他找上我提供協助。

追根究柢，問題出在大衛的新角色，這個新角色使得他面臨了兩項關鍵挑戰：

1. 生平第一次管理整個交易團隊。

2. 他必須創造優異的個人操作損益紀錄，但這個新角色導致他必須操作過去未曾涉獵過的某些新興市場通貨。

要兼任管理者與績效創造者的角色，本身就已經足夠艱鉅——這個角色必須承擔督促其他人與自己達到最佳績效的壓力；此外，大衛還希望向其他人證明，公司聘請他是正確的選擇。

在第一期教練課程的某一堂課，我們聚焦在和他的操作有關的決策制定事宜。我問他，是否有寫操作日記的習慣？因為我想在後續幾堂課中，和他一起檢討他的決策制定。

大衛說，他確實有寫操作日記的習慣，上面記錄了重要的市場數據、部位規模，以及他的停損與停利目標，外加他建立一項操作部位的原因和相關想法。不過，日記裡的資訊僅止於此。

我問他，是否願意在操作日記裡寫下更深入的想法，將他為何介入、是否改變心意，以及為何出場等想法也寫進日記。此外，我也請他記錄他在產生這些想法時所覺知到的全部感覺。

我請他在開始有感覺以前，繼續做原本的日常工作。他同意照單全收，依照我的建議去做。我跟他說，就算只寫一個字也行。

四個星期後，我們再次見面。大衛拿出他的操作日記，告訴我這段時間他開始寫下自己的感覺，持續就自己在日記上寫出的感覺進行反思。讓他感到訝異的是，他經常寫到「焦慮」一詞。他對焦慮的感覺並不陌生，但是他感到焦慮的頻率卻出乎自己意料。

大衛對這個狀況感到很迷惑。他的結論是，他的焦慮是因為下列這些狀況產生的：

- 對管理團隊與缺乏管理技能等感到憂心忡忡（稱職能力）。

- 對自己的成果感到憂慮（聚焦在結果）。

- 對介入新的市場操作感到憂慮（稱職能力／經驗）。

　　大衛更深入檢視他的操作後，發現他大致上是根據他以前在主要專長市場上的操作方法來應對其他市場。原本那套決策制定的方法，主要是以豐富的經驗與深厚的專業知識為基礎，使用了適量的直覺，而且主要是短線操作；問題是，這套方法無法直接轉移到他剛開始接觸的新市場上使用。

　　對某件事物的直覺感受，高度受到情境脈絡影響。適用於某個領域的直覺感受，並不自動適用於另一個領域。唯有透過經驗，才能培養適切的直覺。

　　另外，由於績效壓力非常大，所以大衛在他不怎麼有經驗且不大能稱職演出的市場上承擔了相對大的風險。

　　有了這些深刻的領悟作為後盾，他決定做出一些改變。他花了很多時間更深入學習他最近剛投入操作的市場，研擬出一套更系統化的操作方法來應對這些市場。此外，他降低了他承擔的風險水準。不久，他就留意到，他回報焦慮感的頻率降低了。

　　為什麼這個做法很重要？想想看，如果你在自己的操作經驗中感受到焦慮，你會怎麼做？很多人可能會把焦慮標記為一種負面情緒，因而感覺不安，設法擺脫焦慮感。其中，有些人可能使用呼吸技巧來擺脫焦慮，有些人甚至可能逃避所有會產生焦慮感的局勢。

以大衛的情況來說，如果他像很多人一樣，設法逃避焦慮感，可能不得不使用很多呼吸技巧，也可能就此完全不從事任何操作。但這兩者都無助於他追求最佳操作表現，當然也無助於實現他的長期目標。

取而代之的，大衛選擇這麼做：

- 留意那個情緒，並且為它命名。

- 自問：「這個感覺背後的原因，可能是什麼？」

- 就他的深刻領悟採取行動。

結果，他的焦慮感降低了，績效也開始向上提升。

處理情緒

「對我來說，最大的挑戰在於如何應對缺乏耐性與擺脫沮喪。那是一個漫長的過程，牽涉到顯著提高EQ，以及要如何更熟知那類感覺的初期訊號。從情緒的觀點自我評估，是我透過操作得到的最簡單但最強有力的收穫。」──一位避險基金操盤手

防彈交易高手透過三階段處理情緒，這三個階段是培養心理彈性不可或缺的必要環節，而且都是以情緒和決策制定的神經科學研究為本。這三個階段就是：

1. 覺知。

2. 接受／意願。

3. 行動。

1. 覺知：留意情緒，為情緒命名

想要擁有處理情緒的能力，第一步就是要能夠體察到那些情緒，覺知那些情緒的存在。請你務必記得，我們對消除情緒沒有興趣，我們重視的是要如何更能夠覺知情緒。

第一個步驟很簡單：開始在你的操作日記裡，描述你在操作的過程中有何感覺，這些資訊很重要。請你記錄，你在下列這些情境中有何感覺：

- 一天開始時。

- 為操作進行準備時。

- 介入市場時。

- 管理你的部位時。

- 出場時。

- 反省你的操作時。

我經常提醒客戶使用一項小技巧，我稱為「每日下載」（daily download），尤其是正在經歷艱困時期的客戶。「每日下載」指的是：在每天結束時的日記，內容特別著重於寫出一整天的操作後有何想法和感覺，它讓人有機會定期脫鉤、檢視、反省自己。

> 「我透過這項輔導得到的收穫，對我產生了巨大的影響。我會在每個交易日結束時，耐心地進行每日下載。能在一天結束時，把想法和感覺如實地表達出來，對我真的很有幫助。」──一位基金經理人

　　第二項小技巧是開始「自我問候」（check-in）——在一天當中稍微停下腳步問自己：「我現在有什麼感覺？」你也許可以把那些感覺寫下來，至少要為那些感覺命名。研究顯示，當我們能夠留意到自己感覺到的情緒，並且指出那些情緒的名稱，也就是所謂的「情感標示」（affect labeling），就能夠使那些情緒的強度降低。這個為情緒命名與軟化情緒的過程，是管理煎熬情緒的有效獨立技巧。

　　第三項培養更高情緒覺知的小技巧，是有效利用有助於培養個人「內感受」（interoception）的正念／覺知型練習——內感受是大腦解讀人體生理訊號的能力。情緒是一系列被我們命名的生理感受，所謂善加覺知情緒，就代表善於體察這些生理感受。倫敦某避險基金公司進行的一份調查研究，衡量了專職操盤手的內感受能力。結果顯示，高內感受分數和利潤、獲利能力與職涯壽命等具統計相關性。[42]

2. 接受：把情緒當成數據

　　你在和什麼情緒對抗？

　　因內在壓力而起的求生情緒，可能讓人感覺不安。所以，我們最終可能會對那類情緒產生厭惡，並且加以趨避。當我們將這些情緒標記為負面情緒時，這種嫌惡感有可能加深。

　　切記：一切都視情境脈絡而定。你的感覺、思考和

行動方式應該是可行性的問題——某個情緒在某個特定局勢下有幫助嗎？在一個會威脅到生命的情勢裡，恐懼絕對是有幫助的，因為它能夠激化你身體的求生資源。但是，在市場上認賠殺出時，這種類似的求生回應，卻可能比較沒有幫助。

ACT（接納與承諾療法）主張，人類的情緒與因情緒而起的後續行為，最大的問題並非情緒本身，而是我們控制情緒的那股企圖。壓抑情緒，就像試圖在水底下抱一顆海灘球，你得費很大的勁兒才能把球壓到水面下，否則那顆球一定會繼續浮到水上。當你全神貫注設法將球壓到水面下時，你就不會關注你周遭發生的事。

如果我們不打算壓抑自身的情緒，又該做些什麼？答案是：接受它們，容許它們。研究顯示，操盤手的情緒管理策略、操作行為和成果之間，存在著非常強烈的關係。[43]關鍵的是，意圖壓抑情緒的人，會做出明顯較差的決策。

如果我們壓抑情緒，可能也會阻斷一些透過人類感官傳入的寶貴資訊。壓抑情緒會導致我們無法接收到一些和潛在風險與報酬有關的重要數據。把情緒想成數據，將能幫助你漸漸以開放的態度來看待它們。記得問自己：「這股情緒可能在告訴我什麼？」

當情緒成了數據，所有情緒就都會變得有幫助。

「風險包括虧損的可能性以及虧損的大小。人類會在自己的體內，將風險標示為恐懼的感覺。管理各種不同形式的風險，包括預期風險、初始風險、開放風險與無意識風險的方法之一，就是確保你的恐懼感成為你的盟友，在你的情緒儀表板上充分發揮作用。根據我們的醫療文化，某些人會企圖緩和恐懼，不設法管理風險。一般來說，有意願體驗恐懼與其他感覺的人，比對恐懼感到焦慮或在毒品影響下而恐懼的人，更能夠妥善管理風險。」[44]

——艾迪・賽柯塔（Ed Seykota），傳奇交易員

下列是一個有助於培養情緒覺知能力與情緒接受能力的小練習，幫助你學會「善用情緒，不讓情緒掌控你。」[45]

保持一個放鬆、自在的姿勢。當你準備好了，請閉上你的雙眼。

開始注意你的呼吸；請意識到你體內因呼吸產生的生理感受。

當你準備好了，開始察覺你出現的任何感覺，為它們貼上標籤，例如：快樂、悲傷、沮喪、興奮。

> 一旦你留意到一種感覺，也為它命了名，看看你能否察覺到某個特定感覺，以及那個感覺在你體內的位置——是你的胸部、肚子或頭部？另外，你對它有何感覺——平順、沉重、溫暖、難受，還是輕微？
>
> 當你體驗到一股情緒時，允許自己將它表現出來。
>
> 當你準備好了，就結束這個練習。把你的焦點轉回到呼吸上，再把你的焦點轉回到房間。

3. 行動

「了解你的情緒」是斯多葛主義的關鍵部分之一，斯多葛主義並不是主張冷漠無情，儘管很多人可能有這樣的觀感。

事實上，斯多葛哲學並不鼓吹隱藏情緒。這個學派的方法較著重在設法了解情緒——承認情緒、反省情緒，並且盡可能將情緒導向對自己有利的地方。

斯多葛主義者認定人類有可能經由自我訓練，讓自己即使在經歷憤怒的感覺時，也能夠冷靜行事，並且訓練自己即使在感覺焦慮時，也能夠勇敢行事。目標不是要消除情緒，而是要不被情緒壓垮，也不是被迫將情緒表現出來。

　　當煎熬的情緒浮現時,更需要有效的操作行動。情緒可能驅使你產生一股非採取行動不可的衝動,但你不需要跟著那股衝動起舞。**只要能夠覺知你自己的情緒,就能夠大幅緩和你藉由行動表現出那些情緒的衝動。切記,情緒不會實踐損益,但是你的行動會。**

　　在根據你的個人操作目標、價值觀與流程採取行動時,你心甘情願接受哪些情緒?

第七部
信心

17

建立應對困境的信心

何謂信心？

下列是信心的兩個定義：

1. 一種肯定或有把握的感覺。

2. 一種信任或信賴的表現。

你會選擇哪個定義？

大致上來說，第一個定義最為普遍。多數交易者認為，信心是一種作用力強大的感覺——一種鎮定、自知將操作順利並賺錢的意識，沒有恐懼、焦慮、自我懷疑或其他負面的想法。

第二個定義則不同，它的重點是放在行動上。這個定義源自於古老的拉丁語「confidence」（信心）一詞，是由「com」與「fidre」衍生而來，前者代表「with」，後者代表「trust」，也就是「信任」的意思。

當你在市場上展開操作時，你真的敢說你百分之百

肯定某個決策將會帶來你預期中的結果嗎？畢竟不確定性與不可控性，是市場操作恆久不變的本質，在這樣的條件下，只要你投入市場操作，勢必就承擔了某種程度的風險。

「進行操作」就是一種信任的表現，那意味著你信任自己的策略，信任自己會執行那個策略。不過，在進行操作時，感覺沒有十足把握是很正常的，畢竟沒有人敢保證自己絕對會獲得正面的結果。

想要建立防彈級的信心，重點在於你必須建立對你自己和你的操作系統的信任，重點是要採取行動與執行策略，即使你的想法、情緒和感受，導致你難以採取行動、執行你的策略。防彈級的信心高度聚焦在培養對自己的信任──你必須相信你有能力應對操作的要求。它仰賴心理與生理資源來因應內在壓力、挫折、虧損、資產淨值回落、犯錯與其他挑戰。

信心是透過行動建立的，當你勤於練習某件事，因此累積了許多經驗，在做那件事的時候，你自然就會有信心完成。經驗與技能是支持所有交易者信心的骨幹，當你持之以恆地研擬、測試、實地操作你的策略；長期下來，你自然就能信任你的策略，對它有信心。當你面對困難的操作局勢，設法用自己的方式克服那些困難，你就逐漸能夠培養出你自己的應對技能。**我們對防彈交易的框架有信心，主要並不是因為我們預期這個框架能夠帶來最好的結果，而是預期它能夠幫助我們累積應對**

最壞情況所需要的資源。

要求 vs. 資源

心理學家已經發現，決定你對某個外在壓力局勢的回應方式的最重要因素，並不是那個局勢本身，而是你對自己應對那個局勢的能力有何看法。你的大腦會評估眼前挑戰對你的要求，接著評估你是否有足夠資源來面對那個挑戰。

這項挑戰將有多困難？
我是否擁有應對這項挑戰的技能、實力和資源？有沒有人能夠幫助我？

要求 vs. 資源

要求＞資源＝威脅
要求＜資源＝挑戰

如果大腦評估，你面對的要求大於你手中握有的資源，就會活化威脅反應。如果你的大腦評估，你擁有足夠的資源應付那個挑戰的要求，就會活化挑戰反應。

研究顯示，在很多高風險局勢的外在壓力之下，挑戰反應通常將帶來優於威脅反應的績效。高挑戰反應分數的學生，在考試時獲得較高的分數；高挑戰反應分數的商業談判者，能夠做出較好的決策；高挑戰反應分數的外科醫師，顯現出更高的專注力及更精細的肌動技能

（fine motor skills）；高挑戰反應分數的運動員，在競賽中獲得較優異的表現；高挑戰反應分數的機師，在模擬引擎失效時有較好的表現。[46]因此，若想在高風險局勢下創造績效，就必須擁有能夠應付挑戰要求的資源。

　　我常用撲克牌籌碼來思考這個關係，以及這個關係對信心的影響。你面前的撲克牌籌碼堆得愈高，你就會感覺更有信心迎接某一項挑戰。當你擁有的籌碼愈多，你就能夠迎接更多、更大的挑戰。如果你的籌碼較少——也就是「籌碼短少」——你就比較沒有資源可以迎接挑戰，而且可能會比較謹慎，並且趨避風險。

籌碼愈多，面對挑戰時就愈有信心

　　所有交易者都可以採用一個非常有用的日常練習，那就是設法累積自己手上的撲克牌籌碼，開發各式各樣的作業演練，累積應對市場操作要求所需要的資源。這

能讓你得以進入挑戰反應的狀態，因而從中受惠，不會
經常因為局勢突然變化而產生威脅反應。

我能夠應對這個困難的市場局勢

「遭遇每一項挑戰時，別忘了你手中有什麼資源可以應對。」
——愛比克泰德

本書的重要目標之一，就是要幫助你建構你的心理
堡壘，讓你得以更有效應對市場帶給你的挑戰。我希望
有一天你能夠發自內心地自信告訴自己：「我能夠應對
這個困難的市場局勢。」

光說不練，肯定不會有效果。這句話並不是要作為
勵志小語，我要你能夠自信、認真地對自己說出這句
話，因為這是真的。這意味著你必須要有證據作為後
盾，確實擁有可以作為這句話的後盾的資源與經驗。

> 「我知道，我某些最好的操作成績，是在虧損或資
> 產淨值回落後出現的。那是我的強項之一——相對
> 快速地收復資產淨值的回落。我知道自己有這個強
> 項，而且靠它來創造表現。我知道，我在外在壓力
> 來襲時表現非常好，特別是因為我目前已經累積了
> 非常多的經驗。」——一位避險基金操盤手

下列是四個累積自信資源與創造證據基礎的小方
法，這些信心資源與證據基礎將使你對「我能夠應對這

個困難的市場局勢」這句話產生信心，而且是真確、恰當的信心，因為這句話你說得一點都不假。

❶ 認清個人優勢

反思你作為一名交易者的優勢與素質，將那些優勢與素質寫下來。當你遇到困難的時刻，想想哪些優勢或素質在那樣的時刻最攸關重大，說明那些優勢或素質能夠對你產生什麼助力。

❷ 想想你一直以來，是如何為了特定局勢做準備的？

提醒自己，你為了某個時刻做了怎樣的準備──可能是透過之前的市場經驗累積而來的準備，也可能是你為了特定操作而做的準備，包括研究、想好操作計畫、情境分析與事前分析等。

❸ 想想你過去曾經克服了哪些類似的挑戰？

這可能是最重要的方法。防彈交易的能力是靠經驗建立起來的，這項能力是透過你在市場上遭遇到的每一個棘手時刻、每一筆虧損、每一項錯誤、每一次挫折、每一段資產淨值回落期等，一點一滴累積建立起來的。這些「逆境」都有助於你變得更有能力因應那些局勢。

提醒自己留意，你曾在操作中克服過哪些困難與挑戰。回想一下，你因此培養了什麼技能、研擬了什麼策

略，想想這些經驗教會了你什麼。

❹ 支援 —— 誰能夠幫我？

儘管「韌性」常被形容為一種「個人特質」，但研究證明，讓人得以擁有韌性的關鍵因素之一是支援。想想你的人脈網絡中，有誰可以提供什麼樣的資源？這很有幫助。你的支援網絡中有誰？是其他的同儕交易者、教練、導師、朋友，還是家人？

這些人有哪些優勢和素質，能夠讓你在需要時提供你協助？

在下頁這張表格中，寫下你個人在操作時，經常面對或可能面對的挑戰。把你可以用來應對這些挑戰的部分應對資源寫下來。

這個流程的主要重點，是要開發一系列有證據為憑的資源，讓你能夠毫不心虛地說出「我能夠應對這個困難的市場局勢」這句話。因為你說的是真的，所以你相信這句話，因此感覺更有信心。

局勢	優勢	過去的挑戰	支援
那是什麼事件或情況？	你能夠善用哪些優勢因應這樣的局勢？	舉例說明，你過去曾經克服了哪些類似的挑戰？	誰能夠在這樣的局勢，為你提供支援？

信心落差：採取行動

「等我覺得有信心一點，我會回到市場上，再次展開
操作。」

　　你是否曾經這麼想過，或者有類似的想法？當你產
生這個想法時，發生了什麼事？你有什麼感覺，有什麼
行為？

　　這是交易者很常見的想法。但是，當你過於堅持這個
想法，可能會變得故步自封，對你的操作造成阻礙。這種

想法可能特別會嚴重衝擊到你從挫折中復元的能力——如果你在一筆嚴重虧損或連續虧損之後，堅持要等到感覺有足夠信心再重新採取行動，你很有可能會錯失許多良機。**害怕虧損的心態，會再次阻礙你採取有效的操作行動。**ACT（接納與承諾療法）的領導性實踐者羅斯・哈里斯博士（Dr. Russ Harris），將這個放任恐懼阻礙你採取有效行動的過程稱為「信心落差」（confidence gap）。[47]

　　無論你是賺錢或虧損、剛完成一筆賺錢的操作或虧本的操作，下一刻的目標都要繼續採取你的操作流程所要求的行動。我們先前已將這個流程定義為「堅定採取行動」，也就是要有紀律、保持沉著，其實這就是大多數交易者所認為的「信心」。堅定採取行動能夠建立信心。

> 「今年長達三個月的資產淨值回落期實在是很難熬。我的決心開始動搖，更開始質疑自己的能力。我開始回歸『基本盤』——降低操作規模、承接較單純的操作部位，不採用複雜的合成避險，因為當時沒有幫助。我甚至開始另謀出路，訴諸不同的市場，到其他操盤手能夠賺錢的市場上尋找機會。要繼續在導致我的資產淨值回落的同一個市場上，以相同的方式操作，令我感到心煩意亂。於是，我開始到其他領域尋找能夠讓我獲得突破的聖杯，但是要在兩者之間取得平衡並不容易。我知道，我永遠也找不到那個聖杯。專注非常重要；集中精神，把簡單的事情做好，才能重建信心。」
> ──一位自營業務操盤手

　　請你不時思考，當下列情況發生時，你會想要採取什麼具體的行動？這對你的操作流程很有幫助。

- 在一筆虧錢的操作之後；

- 在資產淨值回落期間；

- 在犯錯之後。

　　你因應困難操作局勢的流程是什麼？很多交易者都會花很多時間思考，如何在市場上尋找更好的機會、何時進入市場、如何管理部位、何時退出市場等流程，卻鮮少思考因應困難的市場情勢與操作局勢的流程。這值得你花點時間好好思考。

克服挑戰的行動

操作挑戰、局勢、事件	打算採取的具體有效操作行動

18

關鍵時刻保持冷靜

鎮定能夠建立信心

「以冷靜的心智來承受試煉，便能消除厄運的強度與負擔。」
——塞內加

姆平日操作一種非常低流動性的商品，由於缺乏流動性，有時候他明明都已經擬定好操作計畫，也知道自己想做些什麼，卻無法如願地採取他想要採取的行動。

想當然耳，這樣的情況可能讓人感覺壓力山大。

如果市場波動顯著事與願違，情況就更糟了。此時，他只能眼睜睜看著自己的損益嚴重惡化，甚至轉為虧損。高額的虧損加上缺乏控制感，百分之百會激化壓力反應。

碰到這樣的時刻，管理生理機能的能力，也就是調

節你的壓力反應的能力，有辦法維持（或重獲）某種程度的鎮定尤其重要。這種能力也能夠強化你在壓力來襲時，繼續維持績效表現的信心。

在最攸關重大的操作時刻，也就是壓力最大、要求最嚴苛的時刻，真正重要的是你在那些時刻來臨之前日常的所有一切準備。

此時，沒有任何具體的策略或技能夠幫得上你，你不可能靠「病急亂投醫」的心態找到你的出路。**真正能夠幫助你度過那些關鍵時刻的，是你長時間累積的訓練、經驗和技能。美國海豹部隊有句口號：在內在壓力籠罩之際，你的表現再怎麼不濟，也只會落到你的訓練水平上。**換言之，沒有任何投機取巧的小祕訣，能夠取代多年的訓練、經驗和學習發展。

在高壓時刻，你要麼就自信地說「我知道怎麼做」，要麼就坦然承認自己做不到。精英績效表現者的表現不是假的。

深入細節，我們可以歸結為：

1. 經驗。

2. 技能／勝任能力。

3. 心態。

4. 生理狀態。

5. 準備。

6. 狀態管理技能。

這六項要素中的前五項，在任何讓人感到有壓力的市場時刻來臨之前，都是可以先主動練習、培養的。最後一項要素——狀態管理，是一項有助於你即時管理壓力反應的重要技能，而且有很多不同的方法能夠實現這項技能。

懂得適時踩煞車

當你感受到一股壓力反應，你的身體就會開始動員你的能量，讓你做好採取行動的準備。在你的中樞神經系統中，壓力反應是透過你的交感神經系統活化的，交感神經系統實質上就像是你體內的「油門」。當身體系統內的能量活化到一個特定水準後，可能會變得有用和可用，能夠強化你的績效。

然而，有時候能量會變得過強。此時，你加速過快，導致你的激動水平（arousal level）開始對績效產生負面衝擊。在這樣的情況下，你必須要能夠適時踩一下煞車。換言之，你必須要能夠活化你的副交感神經系統，也就是你體內的煞車系統。

要調節中樞神經系統的活化程度，可經由意識來控制的一個務實做法，就是透過呼吸。

呼吸療法

某大型避險基金的一位專案經理，參加了一系列績效相關的討論會，他在會後給我的反饋意見之一是：

「呼吸策略對我助益良多。」小組的每一位成員贊同他的
說法，包括經驗非常豐富、成功的專案經理人。他說：
「我在做出操作決定時，會透過調整呼吸，幫助我達到冷

副交感神經系統 vs. 交感神經系統

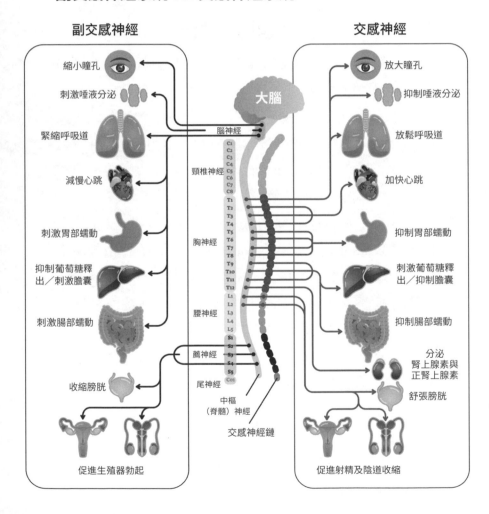

副交感神經　　　　　　　　　　　　　　交感神經

縮小瞳孔　　　　　　　　　　大腦　　　　　放大瞳孔

刺激唾液分泌　　　　　　　　　　　　　抑制唾液分泌

緊縮呼吸道　　　　腦神經　　　　　　　放鬆呼吸道

減慢心跳　　　頸椎神經　　　　　　　加快心跳

刺激胃部蠕動　　　胸神經　　　　　　抑制胃部蠕動

抑制葡萄糖釋　　　　　　　　　　　刺激葡萄糖釋
出／刺激膽囊　　　　　　　　　　　出／抑制膽囊

刺激腸部蠕動　　　腰神經　　　　　　抑制腸部蠕動

　　　　　　　　薦神經　　　　　　　分泌
　　　　　　　　　　　　　　　　　腎上腺素與
　　　　　　　　尾神經　　　　　　　正腎上腺素
收縮膀胱　　　　　　　　　　　　　　舒張膀胱
　　　　　　　　中樞
　　　　　　　（脊髓）神經
　　　　　　　　交感神經鏈

促進生殖器勃起　　　　　　　　　　促進射精及陰道收縮

靜的聚焦狀態。另外，我也會在向客戶與媒體進行簡報時，透過調整呼吸管理內在壓力。」

你的呼吸時時刻刻都與你同在，只是你多半沒有意識到，而且你的呼吸會隨著外部與內部發生的狀況起伏變動。呼吸反映了神經系統的變化，會隨著交感神經的活化而加速，並隨著副交感神經的活化而趨慢。當你配合市場的漲跌賣力演出，呼吸也會隨之起伏變化，反映出大腦對你所感知到的風險與報酬水準的評估。你的呼吸也會隨著大腦激活恐懼、興奮等情緒啟動行動的能量等而發生變化。。

近幾年，提倡藉由呼吸練習與善用呼吸策略來強化健康與績效的方法愈來愈受關注，這也是我為操作圈客戶提供教練課程的重要部分之一。

留意你的呼吸

善用呼吸療法的一個很好起點，就是開始在日常生活中覺知你的呼吸，平時留意自己怎麼呼吸。

不管在做什麼，請你暫停一下，觀察你的呼吸。

• 你留意到，你的呼吸速度有多快？

• 你留意到，你的呼吸有多深？

- 你留意到，你的呼吸節奏如何？吸氣與吐氣的頻率如何？

- 你留意到，你是從哪裡呼吸的？是用橫隔膜（腹部）呼吸，還是用胸部呼吸？

- 你留意到，你是透過什麼呼吸的？是用嘴巴呼吸，還是用鼻子呼吸？

　　每天只要花幾分鐘留意你的呼吸，就能為你帶來很大的益處。不需要控制任何事，只需要留意你的呼吸，這是非常普遍的正念冥想型練習。

回到當下

　　高績效表現發生在當下，而高內在壓力水平則可能讓人從當下抽離。在高壓水準下，你將從原本聚焦在流程的狀態轉變成聚焦在結果；此時，你的思維會從「我此刻必須做什麼？」轉移開來，轉向過去的回憶或對未來的憂慮。

　　我的一項重要工作就是幫助客戶以平靜、鎮定的態度應對壓力時刻。在我傳授他們的應對方法當中，最簡單、有效的技巧之一，就是進行幾次緩慢的正念呼吸 —— 全神貫注，緩緩深呼吸幾次。

喬治・孟傅德（George Mumford）是美國國家籃球協會（NBA）球隊的正念諮詢顧問之一，他談到了正念如何能讓人在「颶風之眼」，也就是風暴的平靜中心，從中體驗困難和挑戰。[48]只要進行幾次緩慢、深沉的正念呼吸，你就能夠進入「颶風之眼」，得以用鎮靜自持的態度應對艱難的時刻或局勢。

戰術性呼吸策略

精英運動和軍隊都會利用呼吸療法來強化高壓局勢下的績效表現。近年來，一般大眾對於利用呼吸策略來強化高風險局勢下的績效表現科學與應用，也愈來愈感興趣。

你可能認為你已經非常會呼吸了。你做過很多練習；事實上，你已經練習呼吸一輩子了，你想都不用想就知道怎麼呼吸。當然，每個人都一樣，想都不用想也知道怎麼呼吸。呼吸是一種無意識的自主功能；如果不是，問題可就大了，會非常危險。

儘管沒有人是經過別人的教導才學會呼吸，基本上每個人也都能勝任這件事，但我們還是有機會藉由強化整體的呼吸，改善健康與生理安適感、提高績效表現，尤其是在內外在壓力籠罩的情況下的績效表現。

呼吸的機制

在深入探討某些具體的呼吸步驟之前，我想先就呼吸的機制以及如何強化你的呼吸，為你提供幾個重要的提示。

在為了強化績效而進行呼吸療法、主動調整呼吸時，有三項關鍵要素要考慮：[49]

1. 呼吸的位置

2. 呼吸的通道

3. 呼吸的節奏

1. 呼吸的位置

暫停一下，花點時間專注在你的呼吸上。觀察你從哪裡呼吸——也就是「引擎」。

你是從橫隔膜——腹部（較低的位置），還是從胸部（較高的位置）呼吸？

處於壓力狀態下，呼吸通常會變快、變淺，而且通常是從胸部區域呼吸。如果比較放鬆，呼吸就會較為緩慢、深沉，而且從橫隔膜——腹部——呼吸。

由胸式呼吸轉為腹式呼吸，是啟動副交感神經、踩下煞車的方法之一。

2. 呼吸的通道

請你再花點時間專注在你的呼吸上。觀察你是透過

什麼呼吸？

你是透過嘴巴，還是鼻子呼吸呢？

呼吸科學研究顯示，鼻道呼吸的影響力非常強大。談到呼吸策略，尤其是聚焦在轉移壓力生理學的呼吸策略，鼻道呼吸比口呼吸更有效率。

人類天生的設計，本來就是要透過鼻子呼吸。鼻子裡的鼻毛、鼻竇和鼻涕，都能幫助我們過濾空氣品質。當我們透過嘴巴呼吸，就會略過這個過濾空氣的過程。嘴巴主要是消化系統的一部分，人類只有在使用非常大量體力的情況下，才會需要用嘴巴呼吸。

透過鼻子呼吸，也能釋出氮氧化物，這種物質能夠消毒你呼吸的空氣，打開你的氣道（它是一種支氣管擴張劑），幫助改善氧氣的吸收。最後，鼻道呼吸有助於啟動橫隔膜的作用，所以比較能夠控制我們吸進多少氧氣與呼出多少二氧化碳。總之，鼻道呼吸的效率比較高。

現在練習一下：透過你的鼻子溫和吸氣，暫停一下；再透過你的鼻子呼氣，暫停一下；重來。

3. 呼吸的節奏

最後，請你再花點時間專注在你的呼吸上。觀察你的呼吸節奏。

你吸氣的時間長度與吐氣的時間長度，兩者差不多嗎？

呼吸機制的第三項要素是節奏，也就是吸吐時間長度的比例，這個比例決定了你的呼吸對生理狀態的影響。

當你吸氣，你就開始活化交感神經系統 —— 也就是「油門」。當你吐氣，你就活化了副交感神經系統 —— 也就是「煞車」。你的吸氣能為整個系統注入能量，而你的呼氣則讓一切的速度減緩。所以，只要改變呼吸節奏，調整吸氣與吐氣的比例，就能夠改變你的生理狀態。

- **1：1的吸吐節奏** —— 吸氣與吐氣的時間長度一樣。例如：吸氣時數到四，吐氣時也數到四。

- **1：2的吸吐節奏** —— 吐氣時間長度為吸氣時間長度的兩倍。例如：吸氣時數到三，吐氣時數到六。

- **2：1的吸吐節奏** —— 吸氣時間長度為吐氣時間長度的兩倍。例如：吸氣時數到六，吐氣時數到三。

呼吸的藝術

呼吸的技巧和策略很多，各有不同。有些專職操盤手特別偏好其中某些技巧，我的建議是盡可能嘗試各式各樣的技巧。你可以先實驗一下 —— 先遠離市場，一旦你找出最有用的呼吸技巧，就開始視情況將那些技巧融入你的操作過程中。

在你的操作流程中，納入一天五分鐘的策略性呼吸療法，能夠有效地幫助你培養狀態管理技能，強化你的生理機能。接下來，你還可以戰術性地在日常操作中，視情況需要使用呼吸技巧，從幾秒鐘到幾分鐘都可以。

- **冷靜且專注**：這項呼吸技巧的目標，是要平衡你的生理機能。你想要專注且投入、保持冷靜，若要達到這個狀態，可以試試 1：1 的吸吐節奏。軍隊經常傳授 4：4 的吸呼戰術性呼吸模式，目的就是要達到專注、投入且冷靜的狀態。我也對很多操作圈客戶使用一種 5：5 的共鳴式呼吸模式。

- **冷靜且放鬆**：這項技巧的用意，是要培養踩煞車的能力——放慢速度，活化你身體的放鬆反應。此時，你可以利用 1：2 的吸吐節奏——吐氣時間長度為吸氣時間長度的兩倍。先從 3：6 的秒數比例開始，如果你覺得太長了、不舒服，就縮短為 2：4 的秒數比例。接下來，等到你覺得沒問題了，就可以恢復到 3：6。長時間的練習之後，你的目標是要達到 4：8 的秒數比例也不會感覺不舒服。

19

別苛責自己

你是嚴苛的批評者，還是慈悲的教練

「我經歷了個人有史以來最大的操作虧損之後，才領
悟到自我對話有多重要。我一向都適度地在為這類
打擊做準備，但是經過這些打擊，我今年已經沒有
利潤可拿出來說嘴。我必須努力設法維持對自身操
作能力的信心。」——一位原物料商品操盤手

當你的操作虧損，你會對自己說什麼？當你在一段
棘手的資產淨值回落期間奮力掙扎，你會對自己
說什麼？當你犯了執行錯誤，或是錯失操作良機，你會
對自己說什麼？

我透過教練課程了解到，某些專職操盤手會給自己
相當粗魯的批評：

「你真是他Ｘ的大白痴！」
「魯蛇。」
「蠢貨！你總是把事情搞砸。」

還有更難聽的。

如果你曾用類似的方式苛責自己，那麼首先，你很正常——聽到這句話，你或許會感到訝異。人類心智天生就有一種批判的傾向，這個傾向會搜尋負面的事項、預測最糟糕的情況，自我描繪出一幅會引發焦慮和恐懼的未來景象，而且使人無法滿足於已經擁有的、想要獲得更多，傾向於挖出過往的痛苦回憶，這就是人類心智的運作模式。

這並非不正常，也沒什麼不對，但在某些時刻，這種傾向當然可能極度有害無益。

在自我對話時過度批評自己，有可能會衝擊到你的信心和操作績效。各個效能表現領域都有很多高成就實現者有這樣的傾向，這是我親眼所見的。其中很多人通常會以作夢都想不到的嚴苛方式自我對話，但是對別人說話時，反而不會用這種方式。高成就實現者的這種自我對話，有時真的是狠到極點。

他們通常認為嚴苛的自我批判，能夠對他們產生驅動的力量，認為那是他們成功的關鍵。不過，這樣的看法並不盡然正確。那樣的批判其實有可能有害，尤其是長期而言。

想要管理過於嚴苛的自我批判所造成的影響，關鍵做法包括：

• 培養更高程度的自我接納與自我疼惜。

- 擺脫自我批判的習慣。

- 充分介入有效率的操作行動。

什麼是「自我疼惜」？

在交易領域（或其他「主動創造績效」的環境），大概沒什麼人會直覺想到「疼惜」一詞。然而，有愈來愈多的研究證明，尤其是美國德州奧斯汀大學教育心理系副教授克莉絲汀・聶夫（Kristin Neff）所做的研究，「自我疼惜」（self-compassion）是一項能夠培養情商與韌性的必要高績效表現技能。[50]

大致上來說，疼惜是一種令人讚賞的傾向，通常是透過諸如善良、有同理心與樂意支持他人等行為來表現。自我疼惜牽涉到以相同方式善待自己；換言之，當你遭遇到難熬的操作時期、當你虧本、當你犯錯，或是留意到在交易時你對自己有一些不喜歡的事項時，你也要能夠對自己良善、有同理心，樂意支持自己。

與其一開始就嚴苛批評自己，不如試著自我疼惜。理解及體諒你自己的處境，接受你也是人，接受你容易犯錯，接受不可能所有事情都永遠如你所願。要容忍你會發生虧損、你會犯錯、你會錯失操作機會、有時不會遵守你的操作計畫、無法達到目標，或是你會陷入沮喪等事實。

這是交易經驗談，反映出人性本質。

自我疼惜的三項元素

根據聶夫的研究，自我疼惜的三項組成要素是：

1. 善待自己（而非自我批判）

善待自己意味你在犯錯之後，能夠接納與理解自己，而不是一味苛責自己，嚴厲地自我批評。

善待自己的一項關鍵是：要體認到人難免不完美。在操作時經歷失敗、虧損、資產淨值回落、犯錯、錯失機會、沒有耐心、偏誤、衝動與其他困難，都是司空見慣的事。

當計畫趕不上變化，請不要太苛責自己。接受你也是人、你也容易犯錯的事實。不要死命地追求完美；唯有如此，你才能減輕內在壓力、沮喪感和自我批評，用更鎮定的態度來面對自己的困境。

2. 共同人性（而非單獨特例）

很多接受我一對一輔導的專職操盤手，經常感覺世界上只有他們正在遭受需要面對的問題所苦，好像他們是世界上唯一因為虧損而陷入痛苦、憤怒、沮喪的人，好像他們是世界上唯一因為犯下「愚蠢」錯誤而覺得丟臉的人，好像他們是世界上唯一因為未能即時認賠出場、退出虧損部位而悔不當初的人。

人類本來就不完美，交易者當然也不例外。所有交

易者都會發生虧損、犯錯、錯失機會、未能遵守原定的操作計畫、持有過小或過大的部位、經歷資產淨值回落期等。

自我疼惜就是要承認,你不是唯一經歷這些挑戰的人。所有在市場上交易過的人,都會遭遇到這些挑戰,也都會做出這些回應,這是大家共同的體驗。

3. 正念〔而非過度確認(over-identification)〕

自我疼惜牽涉到採取持平的方法,來應對操作時產生的負面想法與感覺。這代表不壓抑那些想法與感覺,但也不誇大那些想法與感覺。

目標就是前面已經討論過的,要願意敞開心胸,接受並觀察煎熬的想法與感覺,不要試圖擺脫那些想法與感覺。目標是要覺知你的內在體驗,但不被那些內在體驗困住,結果大受影響。

所以,聚焦於當下、專注力、覺知能力、脫鉤、情緒接受等技能,可以在這個領域發揮關鍵作用,你應該培養這些技能。

自我疼惜的好處

高度自我疼惜的人,比較不會動輒批判自己的失敗和錯誤,因為他們體認到,失敗、挫折和艱難的時刻,都是人生經歷的一部分。此外,他們也比較有能力以平衡的方法,應對艱難時期所產生的負面想法和情緒。

較高度自我疼惜的人，感受到的心理痛苦較輕微、較不害怕失敗、有較強的動機在失敗與挫折後東山再起，所以他們較善於克服逆境。作為交易者，自我疼惜就是體認到失敗、挫折、艱難時期、虧損、犯錯等，都是不可避免的，並且把這些都當成寶貴的學習經驗——必須接受、處理、不該逃避的經驗。

自我疼惜也和承認自己的弱點、為了成為更好的交易者而努力自我改善有關。

如果我養成自我疼惜的態度，會不會失去競爭優勢？

跟我合作過的很多專職操盤手，都形容他們是「自我批評最猛烈的人」，而且很多人都認為這樣的態度彌足珍貴。他們表示，他們的自我批判是驅使他們繼續操作與改善的關鍵力量，讓他們得以從虧損和錯誤中學習。

儘管如此，高度自我批判的習性，卻會破壞你對自己的信任，可能會：

- 降低你主動承擔新任務的欲望。

- 導致你陷入焦慮與消沉的風險上升。

- 降低你的自我效能（self-efficacy），也就是認定自己有能力充分完成目標的信念。

- 使你更害怕失敗。

- 阻礙你實現目標。

- 降低自我覺知。

- 阻止你處理弱點。

很多專職操盤手擔心，若不對自己嚴苛，將會失去競爭優勢，事實並非如此。

培養以自我疼惜的態度來應對操作困境，能夠幫助你從面對的挑戰中學習，設法克服那些挑戰，不會衍生將隨著嚴苛自我批判而來的負面效果。有些人表示，比起自我批判，自我疼惜更能讓人適應失敗，進而進行必要的調整。這是因為自我批判會讓人消耗更多的精力，而自我疼惜能夠激起更大的改善動機。

練習自我疼惜，強化你的信心

有很多方法可以培養自我疼惜的習慣，這是一項技能，一如所有技能，這項技能可以透過練習變得更加熟練。

最快、最簡單的方法之一，就是刻意用你對你重視的朋友或同事說話的方式來跟自己對話。隨時都要這麼做，尤其是在經歷艱難的操作時期之際。

想想看，一個讚許、支持你的教練，會怎麼幫助你度過一個困難的局勢或時期？

1. 想想看，當你認識的一個交易者對自己很不滿時，你會怎麼回應他？寫下你可能會對他說的話，以及你會對他做的事。留意你說那些話的語氣。

2. 想想看，當你對自己很不滿時，又是什麼狀況？在那樣的情境下，你通常會怎麼回應你自己？寫下你通常會對自己做的事與說的話。留意你對自己說話的語氣。

3. 這兩者有沒有差異？如果有，是哪些方面的差異？這些差異的可能原因是什麼？是什麼因素導致你用那麼不同的方式來對待自己和對待別人？

4. 如果你以你通常用來回應另一個陷入掙扎與困境的交易者的方式來回應自己，你認為情況可能會有什麼變化？把你認為的可能變化寫下來。

_____

_____

_____

覺知你的自我對話、擺脫嚴苛的自我批評，對你可能會非常有幫助。這牽涉到我們在第15章討論過的「脫鉤」技巧。花點時間將你的批判性想法標記為「批評」，將那些想法當成你內心的評價來觀察。告訴自己：「這些只是我目前的想法……」，這有助於消除自我批評帶來的刺痛感，讓你看清楚那些想法的本質，了解那些想法不過是一些並不特別正確或具決定性的心理事件。

你可以使用的另一項練習，就是在你的操作日記裡加入另一個段落，在每一個交易日結束時，花五分鐘寫下曾經導致你嚴苛自我批評、懷疑的某個困難局勢。寫出你當時的感覺，以及你為何會有那些感覺。一如第16章討論的，這將幫助你透過脫鉤、處理和反思等，擺脫那些無謂的想法。

最後一項練習，就是想想你通常會對自己很嚴苛的那類局面。寫下你在那些局面對自己說的話，寫出你對那些言語的感覺。接著，請你以一個慈悲教練的角度（他時時都把你的最大利益放在心上、永遠支持你，希望你能夠實現你的操作潛力），寫下他在那些相同的局面可能會說的話，以及那些話對你的可能影響。

局面	自我對話	感覺	教練的話	影響

第八部

保持彈性

20

在困境中尋找機會

負面偏誤

有人給你看了三張照片，分別是一輛法拉利、一隻死貓和一個盤子。

你對這幾張照片有何感覺？

在你看那些照片的同時，你的腦電活動，尤其是在處理資訊的大腦皮質的活動，被記錄了下來。

你預期那會是怎樣的紀錄？

這是約翰‧卡西歐波博士（John Cacioppo PhD）進行的一項研究，旨在探討人類大腦對不同刺激物的反應。[51]

他對這項研究的參與者出示了：

• 一輛法拉利跑車（向來以激發正向感覺著稱）。

• 一隻死貓（負面感覺）。

• 一個盤子（中性）。

這項研究證明，大腦對負面刺激物的反應比較強

烈。當我們目睹負面刺激物時，腦電活動比較激烈，而且負面刺激對我們的影響大於正面刺激。

換言之，人類天生就有負面偏誤，我們的大腦向來就對負面事件比較敏感。不過，這其實是攸關人類求生的關鍵；這項偏誤能夠促使我們避開有害的道路。自盤古開天闢地以來，人類就懂得「留意威脅」，這是身為人類的一項寶貴特質。

當我們被內在壓力籠罩時，這項偏誤便會增強，導致我們對威脅與風險變得高度警惕，變得更加關注負面因素，但這可能絲毫無助於我們制定有效的交易決策。因此，我們要擁有抵銷這種負面偏誤的能力，這一點非常重要。

抵銷負面偏誤的有效方法之一，就是改變你的視角。彈性角色取替（flexible perspective-taking）的能力，是避免被你自己的自然心理本能反應困住的關鍵之一。

尋找機會

opportunitiesarenowhere

你從這一排字母看見什麼？

某些人看見「opportunities are nowhere」（到處都沒有機會）。

某些人看見「opportunities are now here」（機會就在眼前）。

每個人眼前的字母明明都是一樣的，字母的排列順序也都相同，但不同人卻可能從這些字母看到兩個不同的訊息。

透過「到處都沒有機會」的視角來應對市場的交易者，將會有什麼樣的體驗？

透過「機會就在眼前」的視角來應對市場的交易者，又會有什麼樣的體驗？

你對市場的看法，顯著影響到你的感覺和行為，乃至於你制定的決策，這又進而影響到你從市場上獲得的利益。

我遇過很多抱持著「到處都沒有機會」的心態的操盤手。就在2008年世界金融危機剛結束不久時，一位專職操盤手告訴我：「操作這一行已經玩完了。」這種心態造成的結果，就是沒有生產力。

防彈交易者需要擁有在困境中尋找機會的能力。負面偏誤容易使人抱持著「到處都沒有機會」的心態，要將大腦重新訓練成從「機會就在眼前」的視角持平看待各種事物，需要的是承諾和練習。

我有時候會稱這是「戴上廣角鏡」的視角。這和保持心理彈性有關，這麼做能夠促使你積極採取有效的行動。

「最好的機會，總是在困難時期出現。」
──一位基金經理人

能幫助你在困難時期找到機會的某些有用問題
包括：

- 這個局勢中隱藏了什麼機會？

- 這個局勢有何好處？

- 我能從這個局勢學到什麼？

- 我能從這個局勢培養出什麼技能或知識？

- 這項經驗如何使我成為更優秀的交易者？

- 我能從這項經驗獲得什麼學習或收穫？

　　對所有交易者來說，困難的局勢、艱難的時期和障礙等，通常都是彌足珍貴的經驗。事實證明，這些經驗能夠促進成長，代表著隱藏的機會與寶貴的教誨。相關技能是尋找機會，並且懂得善用機會。斯多葛主義者向來都致力於從每個局勢中獲得最大利益，即使是面對虧損和悲劇的局面也不例外。他們會試著在所有局勢中尋找可記取的教誨，並且找出將採取的有意義行動。

　　弔詭的是，對交易者來說，唯有真正面對、克服了困難與挑戰以後，才能培養出實現完整操作潛力所需要的必要技能，這些技能包括：

- 承諾；

- 信心；

- 韌性；

- 彈性；

- 鎮定。

學習與收穫

「優秀的人不管遇到什麼事件，都會設法扭轉乾坤，
把它變成對自己有利的事件。」
——塞內加

　　我和某全球交易公司簽訂了一份長期的顧問合約，其中一項是要和許多基於某種原因而長期虧損或獲利能力降低的專職操盤手合作。就心理層面而言，這些低潮期對那些操盤手來說當然相當難熬，鮮少操盤手能夠順利輕鬆度過那些時期。儘管我對各個操盤手因應個人獨特的處境、經驗水準、操作風格、所處市場、個性、偏好等，使用了各式各樣的方法和策略，但我後來發現我經常使用某個特定框架，那就是轉念：從「收穫」的視角轉為「學習」的視角。

　　我的經驗是，當操盤手表現優異、順利賺錢，他們

會一心一意聚焦在賺錢上，一切以利潤最大化為重。在那樣的時刻，鮮少人願意花心思培養自身技能與知識，也鮮少人願意研擬策略，因為在他們眼中，此時的機會是要將利潤最大化，畢竟「打鐵要趁熱」。

唯有面臨虧損、資產淨值回落期和市場動態持續改變等狀況，操盤手才會變得非常願意反思。那是他們反省的時刻，這樣的時刻開啟了培養新技能或獲取知識的可能性。這是一個聚焦在學習的階段，此時的「機會」是培養技能與知識，磨練本領、心智和身體。在這個階段，他們會收斂或通權達變地調整他們的策略和操作行為。

透過右頁這張圖我們可以看到，經過一段優異報酬期後，經常可能進入較低報酬期。在這些較低報酬期之後，可能接著是一系列的較高報酬期。也就是說，操作績效是週期性的，而績效的週期性經常是反映市場情勢的變化，也反映了市場動態和操作風格與策略之間的同步性。

經歷這個週期的操盤手所要應付的危險是：隨著下跌週期而產生的不安感，會導致他們試圖逃避，最後從事一些有害無益的行為，例如：

- 未能靈活調整方法。

- 承擔過高的風險。

- 到自己不擅長的市場進行操作。

他們從事這些破壞行為的目的都是為了賺錢，也就

是「收穫」。然而，在這些下跌週期，所有交易者真正應該要做的是體認到情勢已經轉變，這點非常重要。一旦你體認到情勢已經轉變，應該要改變心態，從「收穫」的心態轉為「學習」的心態。

這麼一來，你就會從事比較有幫助的不同行為——與新情境較攸關的行動，而這些行動最終將能幫助你有效擺脫下跌週期。

在下跌週期期間練習與培養的技能、知識和行為，將成為幫助你順利安度下一個下跌週期的寶貴資產。這些技能、知識和行為也可能為你加值，使你在未來的收穫週期獲得更高的利潤。

收穫－學習週期

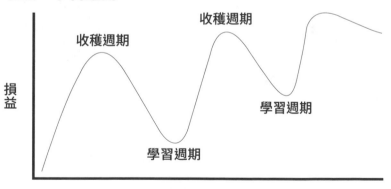

操盤手的長期職涯

澹然看待不安的機會

在困難的操作時期，至少還有一個機會存在，當然就是能讓你變得更會在困難時期操作的機會。

當你處於虧損狀態，你一定能夠變得更善於應對虧損。當你處於資產淨值回落期，你一定能夠變得更善於應對資產淨值的回落。當市場持續轉變，你會變得更善於調整你的操作風格來適應變遷中的市場情勢。唯有身處困境之中，才能如實磨練、養成因應困境的技能。每個棘手的操作經驗，都是演練和鍛鍊心理堡壘的機會，你可以利用這些機會打造自己的心理要塞，變得更加強大。

逆勢是所有交易者必經的操作體驗，它是讓我們的生理得以暴露在風險下，培養能夠靈活適應環境的韌性的好機會，也是讓我們的心理得以暴露在風險下，發展個人心理與情緒技能及資源的好機會。

困難的時期雖然令人不安，卻也是練習澹然應對不安的好機會，同時是學習樂意接受困境、練習採取堅定行動的好機會。換言之，那是培養個人沉著度的好機會。

居高臨下的眼界

斯多葛主義者有一項居高臨下俯瞰世界的練習。這項練習的目的，是要以客觀、超然的角度，觀察世界上所有人事物的來來去去，包括你在世間的體驗，而不是被困在那些經驗裡。

當你以居高臨下的角度來看這個世界，雖然你無法改變世界上正在發生的事情，但不同的視角確實能夠改變你對那些事情的感受。從居高臨下的角度來看這個世界以後，你會以不同的視角來看待你的操作經驗。當我

們碰上艱難的時期，短時間內很容易被困在當下，變得眼光淺短，滿腦子只在乎這一刻。此時，你很容易執著於自己的想法、糾結在自己的感覺裡，那可能會讓你感到非常緊張與不安。

若能從居高臨下的角度來看待虧損的操作，就能以「正確」的視角來看待它；也就是說，你會把它和你曾經進行過的所有操作擺在一起來觀察，這時候那筆虧損的操作就會變成眾多操作之一。從居高臨下的角度來看待一段資產淨值回落期，你比較能夠擺脫因為這種時期產生的想法和情緒，用比較中立的角度來看待這個經驗。你將擁有更不偏不倚的視角，更有能力看見潛藏在當中的機會，進而選擇採取更有效的行動。

> 「從居高臨下的超然視角，俯瞰成千上萬隻牛羊、成千上萬種人類儀式、各式各樣在風暴與平靜中前進的航行，以及一系列的創造、結合與滅絕。另外，也請考量古人曾經的生活方式、後人的生活方式、外國部落的生活方式；請想想，有多少人從未聽過你的名號，有多少人聽到你的名號後會迅速忘記，還有多少人在此刻褒揚你，但下一刻又開始指責你？
> 仔細想想，不管是記憶、名氣或其他任何事物，
> 都沒有重要到值得我們去惦念。」[52]
> ——馬可・奧理略

當你面臨操作上的挑戰，下頁這個小練習，能夠幫助你以不同視角來看待那些挑戰。

請你坐到一個舒服的位置上，閉上你的雙眼。

現在，開始發揮你的想像力。想像你在桌子上方俯視著自己。

當你看著自己時，將你自己漸次向上提升、漸次往後退。仔細留意你所在的位置、你所在的建築物、你所在的城鎮與世界。

將你目前面臨的操作挑戰，和你在上述每個階段——桌子上方、建築物之上、城鎮之上與世界之上——向下俯視時所看到的各個想像景象做個比較。

最後，也請你留意，目前世界上有很多交易者，也正遭遇到操作上的挑戰。

你的榜樣會做什麼回應？

想想你在操作上曾經遭遇過的某個困難或有壓力的局勢。

接著，再想想你在交易領域的某個榜樣，他或許是你認識的人、聽說過的人，或是在報章雜誌上看過的人，甚至是一個想像出來的神人。

　　你的操作榜樣或完美的自我，會做什麼事來回應這個困難的局勢？

　　在困難的操作時刻，請記得問問你自己：「我的榜樣會做什麼？」如此一來，你就不至於在受到刺激後隨即做出反應，而會自動暫停一下。換言之，你的自然本能反應將會減弱，你得以用不同的視角來看待那個局勢。這個問題可能使你得以研判出最好的可能回應是什麼。

　　斯多葛主義者稱這項練習為「思忖聖賢之舉」（contemplating the sage），一旦遭遇困難與挑戰的時刻，斯多葛主義者會自問：「這位聖賢會怎麼回應？」

> 「『我們需要傾慕某個良善的好人，而且我們眼中必須時時刻刻有他，這樣我們才會感覺好像他時時刻刻都在看著我們的生活，永遠盯著我們的一言一行。』這是伊比鳩魯（Epicurus）的建議。他在提出這個建議的當下，也給了我們一名監護人與道德老師，各自有他們存在的理由：如果一名目擊者時時刻刻就站在有意犯罪者的身邊，犯罪行為自然會大大減少。」
>
> ──塞內加

21

通權達變，有效適應變局

變化無可避免

> 「咬緊牙根，堅守下列原則：不屈服於逆境、永不信任繁榮，
> 必須徹底關注幸運女神那信手拈來、隨心所欲的習慣；把她當
> 成只要有能力就會為所欲為的那種人，這麼一來，不管發生什
> 麼事，你都不會那麼震驚，因為你早已做好了心理準備。」
> ──塞內加

　　變化是不可避免的，變化或許是市場少數十分確定
的事情之一。斯多葛主義者相信，所有事物都必須改
變，人生才會有新的發展與演進。他們認為，對變化感
到訝異的人是愚蠢的。你怎麼可能會不知道變化即將發
生？塞內加建議我們，不要屈服於逆境，因為惡劣的時
期不可能永遠持續下去，但他也建議我們，必須體認到
美好的時光不可能永續下去，萬事萬物皆為無常。

場內操盤手：最適者生存

「1997年，在場上的操盤手有一萬人……如今，大約
只剩10%還在場上。」

　　這是2009年一部名為《場內操盤手》（*Floored*）的紀
錄片的開場白，這部片子是在述說芝加哥某些交易大廳
隨著電子交易時代來臨而關門大吉的故事。[53] 這部片子
追蹤了某些曾在那些交易大廳工作的操盤手，記錄了他
們試圖適應全新的操作世界的點點滴滴。

　　這部片我最喜歡的場景之一，也是我經常在研討
會上播放的片段，就是場內操盤手肯尼‧福特（Kenny
Ford）和前場內操盤手麥克‧費雪班（Mike Fishbain，
目前是軟體工程師）之間的一段討論內容。他們在討論
市場的演進、機器的興起，以及電子交易有多麼可怕。

　　這是一個絕佳的例子，記錄了能夠看見變化到來，
但不喜歡變化、不想改變的人。

　　肯尼的某些觀點包括：

「電腦是史上最邪惡的發明。」
「我贏不了電腦。」
「公開喊價是史上最榮耀的操作方式。」
「相信我，他們一定用機器作弊。」

　　麥克被肯尼激怒，做了一些回應。其中，我最喜歡
的一段是：「想像一下，你是音樂家。你喜歡演奏爵士

樂，但那並不代表你沒有能力演奏古典樂。你偏好爵士
樂，但還是有能力演奏古典樂。市場就像一首交響曲，
你必須演奏你被指派的樂曲。」

在這個一直改變的世界裡，《場內操盤手》一片詳
實記錄了操盤手在面臨操作世界的嚴重變遷時，會發生
什麼狀況。以基本的演化用語來形容，某些操盤手倖存
下來，有些就此被徹底淘汰。

在此，引用一段據說是達爾文說過的話：

**「倖存下來的並不是最強的物種，也不是最聰明的物
種，而是最能夠適應變化的物種。」**

生存不是強制性的

如果你心臟病爆發，被告知必須改變原來的生活方
式，才能夠避免二度心臟病發（以及可能的死亡），你
會做些什麼？

我想，你會說你將做出必要的改變，包括調整成更
健康的飲食、更頻繁運動等。如果可以在「改變」或
「死亡」之間做出選擇，誰會不想要改變呢？

現實的情況卻是：大多數的人並未選擇改變。這似
乎令人難以置信，世界上有什麼動機因子比「不採取有
效行動就得死」更強烈呢？但現實生活中碰上這類情境
的民眾當中，大約有90％的人不願意確實做出必要的改
變，[54]很多人最終撒手人寰。

　　我是從 2005 年開始和專職操盤手合作,他們是倫敦一家大型全球自營操作集團旗下的操盤手。在開始合作後幾個月,事實清楚顯示,很多資深操盤手苦於無法獲得期望中的報酬,但這不是因為他們缺乏操作技能或知識,單純是因為市場變得更有效率。換言之,他們曾經擁有的優勢,已經不復存在。

　　他們以往平日的做法不再行得通,其中某些操盤手為了適應新環境,花了很多心力調整操作風格和策略,不斷奮鬥、堅持不懈,終於得以維繫他們的操作職涯。但某些人則是繼續採用他們向來的做法,那當然還是一樣行不通,於是持續不賺錢的壓力以及他們實際上發生的虧損,最終促使他們黯然離開圈子。

　　我透過當時開始的操盤手輔導工作,反覆見證到一件事:**適應市場瞬息萬變的能力,是維持永續高績效的最重要特質之一。任何交易者在市場上的任何優勢都是一時的,結合短期彈性與長期適應力是創造最大利潤與延續市場壽命的先決條件。**

　　最終來說,要不要改變是所有交易者自身的選擇。套句愛德華・戴明(W. Edwards Deming)的話:「改變不是必要。生存不是強制性的。」

未來實驗室

　　一位跟我合作過的成功操盤手,會固定花一部分的時間思考未來的市場與操作可能會是什麼樣貌。他這麼

做的目標是：尋找未來可能發生的潛在變化和機會。他當然是想要現在就做好因應的準備，這樣一旦有任何事真的發生，他就能夠成為最快適應那些新局勢的一員。

　　從某方面來說，這也算是一種「研發過程」。他在維持短期績效的同時，事先做好了在未來創造績效的準備。英國體育委員會（UK Sport）就是以這個「向前看」、為未來研擬計畫與策略的流程，達到贏取最多奧運獎牌的目標。舉例來說，他們會提出下列這樣的問題：

- 將形塑精英運動領域的未來全球趨勢與2024年的大趨勢是什麼？

- 運動表現的極限何在？

- 未來我們要如何管理運動員的健康？

- 未來成功的領隊與教練要如何運作？

- 未來產業要如何結合科技與大數據？

- 大不列顛王國在里約奧運上跌破所有人的眼鏡，成功打敗中國。未來有可能技壓美國嗎？要如何做到？

- 哪些新興技術有潛力徹底革新運動員的訓練和績效，要怎麼做到？

- 英國的高效能系統要如何降低對公共部門資金的依賴？替代性商業模式有哪些？

- 大不列顛王國有哪些未來的獎牌得主尚未被發掘？

　　這些是英國體育委員會未來實驗室所設定的問題，

這個實驗室禮聘來自四面八方的多元專家，包括各種不同學術、實務、商業與運動背景的專家，每年安排多次的全日型集會。[55]他們在會中謹慎思考運動的未來，推敲未來四至八年期間的精英效能表現的世界將會如何發展。這些集會的最終目的是：希望培養不同奧林匹克運動領域的運動員，讓他們未來能夠發揮最好的表現。這些專家在集會中進行討論、產生各種想法，提出問題再交換意見。

最後的結果則是行動，包括為發展新技術、訓練流程，以及所有可能賦予運動員和團隊競爭優勢等需要的集資與支援行動。

我經常使用類似的流程輔導、協助我的客戶，這是鼓勵專職操盤手和操作團隊思考未來、探討市場將朝什麼方向發展，以及考量如何提前獲得相關新知識、技能與策略的有效實用方法。這個方法的目的是希望能夠主動出擊，而非被動應戰。

- 你對市場的未來有何看法？

- 有哪五項議題值得考量？

- 在未來的環境下，你要成為怎樣的人才能在操作上一帆風順？

> • 未來有什麼事將是相同的？
>
> • 未來你需要開始做什麼？或是多做什麼？
>
> • 未來你需要停止做什麼事？或者少做什麼事？

七步驟靈活適應新市場

本質上來說，適應新市場就是一種變化的過程。某些交易者感覺比別人更容易改變，某些人樂於接受改變，某些人則比較謹慎一點。要能夠長期在市場上生存，交易者必須擁有靈活的適應能力。

下列是影響專職操盤手能否成功適應新市場操作的七項要素，你可以將這些要素應用到你自己的適應流程裡。

1. 認清狀況

第一步就是要覺知到「市場不斷改變」的事實，意識到你目前的操作方式可能不見得能夠沿用到未來。

在適應瞬息萬變的市場的過程中，所有交易者面臨的最大挑戰之一，就是要評估目前的市場究竟是處於一個短期的變化，還是正在歷經某種較長期、較系統化的變遷。我個人的看法是，如果交易者能夠持續不斷地評估自身的操作，就比較能夠清楚分辨市場是處於短期變化或長期變遷。但這終究是在一個充滿不確定性、新穎

性和不可控性的環境當中所做的一種個人判斷罷了。

2. 準備好改變

　　發現市場正在發生變化是一回事，實際做出必要改變來因應則是另一回事。我合作過的很多專職操盤手都能夠體悟市場正在發生變化，卻未能堅定地做出必要的改變。

　　我在和客戶合作時，會評估他們做好改變的準備程度。如果他們尚未做好準備改變，在那個當下，我能夠為他們做的事情通常很有限。除非他們已經做好準備要改變了，否則很難展開真正的合作。「弟子準備好了，老師自然會出現。」

3. 換個方式思考

　　一般人通常將變化視為威脅和負面的事物。當專職操盤手必須為了適應新市場而進行調整，他們通常會放棄一項優勢，試著尋找一項新優勢。此時，他們的獲利能力會降低，因為必須把時間和精力投資到新技能、知識和策略的開發上；問題是，短期內，這些投資的貨幣收益一定很少。

　　因此，本質上來說，必須將心態從聚焦在「收穫」，轉變成聚焦在「學習」上。通常只有在困難與挑戰環伺之下，例如：市場情勢上沖下洗瞬息萬變，專職操盤手才會堅定地學習、培養新技能和知識。在市道好、順風

順水的階段，持續操作賺錢才是他們眼中的王道。

請你記得自問：

- 這個變化可能有什麼好處？

- 我能夠從中學會什麼？

- 這個變化如何讓我的操作更上層樓，讓我變成更優秀的交易者？

4. 善用關係取得協助

當為了適應新情勢而調整你的操作，如果能夠找到其他人支援你，可能會很有幫助。事實證明，外來支援攸關變革計畫的成敗。如果你能夠獲得教練、指導員或同儕的支援，幫助你不偏離軌道、分憂解勞、提供鼓勵，結果可能大不相同。這就是我擔任陷入艱難時期的專職操盤手教練經常扮演的主要角色之一。

- 當你在改變操作策略時，誰能夠為你提供支援？

5. 持續採取行動

　　最終來說，變化和採取行動有關，和以不同的方式做事有關。關鍵是要辨清你必須採取的具體步驟，例如：研究新市場、實驗新的操作策略、取得相關的重要知識、培養新技能等。

- 為什麼做這項改變對你很重要？
- 你能夠善用的價值觀、優勢或行動素質是什麼？
- 你需要採取什麼具體行動？

6. 管理阻力

　　在改變與適應的過程中，你難免會浮現煎熬的想法和情緒，這百分之百正常。諸如恐懼、沮喪、焦慮、「這行不通」、「這要搞太久」、「賺頭不夠多」等想法都可能出現。此時，能夠妥善應對個人想法和情緒的技能，就變得十分關鍵。如果你擁有這些技能，便得以繼續專注採取對你真正重要的行動，也就是第6章討論過的「堅定採取行動」。

7. 了解故態復萌期

我和正在嘗試適應新市場的操盤手合作時，常會聽到像「我試過了，不管用」之類的話。

我問：「那你做了什麼？」

「我回頭用我的老方法。」

進行改變的過程既非線性模式，也非指數模式，比較像一個上升趨勢（參見下頁圖表）。在這個上升過程中，有很多向上動能期，接著是拉回期——以心理學的用語來說，就是「故態復萌期」（relapse）。

故態復萌是變化過程中的正常現象，你在故態復萌期所做的事，將決定你是否會改變。很多人將「故態復萌」解讀為「失敗」，回頭使用老方法，如果你能夠了解故態復萌期只是改變過程的一部分，就能為那個時期預先做好準備，以不同的方式回應。請你將故態復萌期視為改變過程的自然一部分，預期它會出現，出現、度過了，然後重新啟動、再次出發，努力朝著下一個向上動能期前進。

改變過程中的故態復萌期和市場的拉回階段很相似

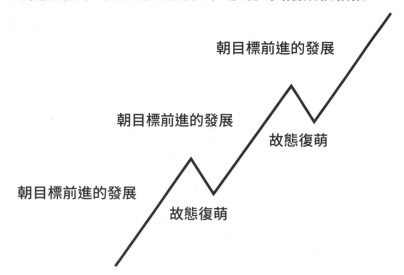

第九部
狀態管理

22

監控你的壓力與疲勞水準

操作績效生理學

你曾在操作時意識到自己的內在壓力水準很高嗎？你能否想起，你曾在什麼時候意識到這樣的感覺？那對你的操作行為和決策制定，造成了什麼影響？

你曾在操作時發覺自己很累，甚至有點筋疲力盡嗎？你能否想起，你曾在什麼時候意識到這樣的感覺？那對你的操作行為和決策制定，又造成了什麼影響？

當你的心理機能運作承受了巨大的衝擊，你的生理機能層面有何感受？那樣的衝擊將會顯著影響到：

- 你的專注力與覺知程度。

- 你的思考品質。

- 你感受到的情緒。

- 你的衝動。

- 你承擔的風險。

• 你做出的決策。

　　人類的大腦是有形的，它就在你的體內。大腦和肉體密不可分，一個人的心智與身體不可能分離。因此，你的生理狀態——你的內在壓力有多高，以及你有多疲勞——將會顯著影響到你的大腦的機能運作，顯著影響到身為交易者的你的風險承擔程度與決策制定的能力。

疲勞使所有人都成為懦夫

　　有一份研究針對12個月期間內、總共1,100件假釋決策進行調查統計，結果研究人員發現了一個變數，劇烈影響犯人獲得假釋的或然率，這個變數是：在一天當中進行的時間。[56]

　　一大早出庭的罪犯，有大約70%會獲得假釋，而在一天當中稍晚時段出庭的犯人，則只有不到10%獲得假釋。

　　制定決策需要耗用能量，當你開始感覺疲勞，大腦就必須用較少的資源來制定決策，所以它會回歸到一種系統默認狀態，也就是所謂的「認知放鬆」（cognitive ease）狀態。此時，大腦會命令你較快做出較輕鬆的決策，而且會盡可能使用「心理捷徑」（mental shortcuts）。對已經開始感到疲勞的假釋委員會成員來說，最簡單、快速、低風險的選擇就是：繼續關押犯人。

　　一份有關疲勞對決策制定的影響的摘要，揭露了在疲勞狀態下制定決策將衍生的幾個關鍵後果：

- 採納較不費功夫的策略。

- 減少高層次思考，偏誤的風險上升。

- 較快、較不深思熟慮的決策。

- 風險認知受損。

- 側重最無須費力採取行動的決策。

- 自我控制力降低。

- 出錯的風險上升。

較長期來說，疲勞會對你的健康、承諾與動機水準造成衝擊，也會使人產生風險趨避的偏誤。誠如著名的美國美式足球教練文斯·隆巴迪（Vince Lombardi）說的：「疲勞讓我們全都成為懦夫。」

內在壓力引發的不理性悲觀

短期的劇烈內在壓力，例如：市場的劇烈波動、顯著上升的波動性、你持有的部位不利、操作虧損、犯錯等，可能會活化你的壓力反應。如果壓力反應達到極端，可能會導致你的認知能力降低，進而衝擊到你的決策制定能力。

當內在壓力持續很漫長的時間，你可能還會經歷到一系列高度不利的影響。長期連續虧損，或是市場持續劇烈變化，或是過於嚴峻的挑戰等，都可能導致你經歷慢性的內在壓力。

當一個人較長期暴露在壓力之下，很容易會陷入很多人常說的「不理性悲觀」（irrational pessimism）的狀態，這是體內皮質醇水準偏高所致。處於這種狀態的交易者，會對當下的威脅與風險極度敏感，選擇性地想起過去的威脅場景，據此推估未來的危險。

於是，這將導致交易者變得厭惡風險，最極端的人甚至會經歷沮喪、身心耗盡與麻木等症狀，就好像「整個人完全陷入低潮的情緒中。」（至於另一個極端，則是變得「整個人陷入高漲的情緒中」，出現失眠、亢奮、躁動不安等情況。）

內在壓力是一種高能量狀態，它需要新陳代謝（能量）。內在壓力愈大且延續的時間愈長，耗費的能量成本就愈高，發生短期疲勞與長期倦怠耗盡的風險就會上升。

所以，將生理機能最佳化的關鍵，就是好好管理你的壓力與疲勞水準。唯有擁有最佳的生理機能，你才能做出最好的操作決策。最佳生理機能也能夠幫助你以更強健的姿態，應對各種要求與挑戰。堅強的生理機能，就是有韌性的生理機能。

要有效管理、強化你的生理機能，你需要兩項重要的技能：

1. 妥善監控你的生理狀態。

2. 有效管理你的生理狀態。

1. 妥善監控你的生理狀態

據說如果把一隻青蛙丟進一個裝了沸水的鍋子，牠會立刻試圖跳出來——這是市場波動大產生短期劇烈壓力的例子。

但如果你把青蛙放進一鍋冷水，慢慢加熱這鍋水，最後牠可能活活被煮死。這就好像慢性內在壓力，這是一種比較緩慢、漸進式的歷程；舉例來說，這就是操作上的長期連續虧損。

我和很多在操作上陷入壓力與艱困時期的專職操盤手合作過，其中有非常多個案的狀況極度相似——他們都是在經歷個人的低潮時向我尋求協助，而且在他們開口求助以前，早已忍受了長時間的折磨與困難。

有很多個案中的操盤手，是已經達到極度不安的狀態才開始尋求協助的。換言之，他們是在幾乎已經無法繼續忍受內在壓力或疲勞、操作成果長期非常差的情況下，才終於硬著頭皮對外求助。但就像冷水鍋裡的青蛙一樣，此時的他們已經形同處於沸水之中，或者至少接近沸騰了。

有很多個案的損益狀況持續走下坡，而在這個低潮來臨前，他們的心理與生理機能狀況早已顯而易見。想要從那樣的低潮期復元，通常需要耗費非常多的時間和精力。而且，那意味著你是從心理與生理機能已經下滑的狀態跨出第一步。

所有交易者若能夠早一點留意到那樣的變化，將會非常有助益——當然，也必須要擁有有效針對各種警訊採取行動的能力。

你不僅需要對自己長期下來的生理狀態有所覺知，也必須能夠覺知自己當下的生理狀態；此外，你應該擁有能在短期與長期管理自身狀態的工具，這樣才能發揮最佳的操作能力。

2. 有效管理你的生理狀態

生理覺知的核心重點是：清楚知道你的身體當下的狀況。你的內在壓力有多大？你有多疲勞？要發展這項覺知，方法之一就是追蹤你的睡眠品質、你感受到的壓力與能量水準，以及記錄你的情緒與動機量表分數（介於1至10分）等，這些屬於主觀評估的工具。

大衛是一家銀行的造市者，我是在輔導他領導的交易部門時認識他。他當時非常成功，而且向來極受部門同仁的尊重。他選擇接受的輔導領域是他對特定操作事件的自然本能情緒反應，我要求他在睡前的每個小時記錄一次下列這些項目：

- 在1到10分的量表上記錄他的能量水準。

- 在1到10分的量表上記錄他的內在壓力水準。

- 寫下他當時主要感受到的情緒。

當他開始追蹤自己的內在壓力水準、能量水準和情

緒狀態之後，就變得比較能夠即時覺知到自己當下的內
在壓力、能量與情緒等狀態。他因為這件追蹤工作，得
以留意到自己一整天的生理狀態變化，以及他在回應各
項事件時的生理狀態變化。此外，他也得以事後反思自
己的壓力水準、能量水準與情緒狀態，根據他的內在經
驗來審視那個操作日所發生的種種事件。

　　他從中獲得的有趣獨特領悟，和他所謂的「內在壓
力－能量差距」有關。當他的內在壓力上升、能量降
低，也就是這個差距擴大時，他的自然本能反應就會增
強。學會監控這項差距之後，他獲得了非常有用的覺知
水準。重要的是，這項「資料」和他獲得的獨特領悟，
讓我們得以共同發展出許多戰術性的自我管理技巧。事
後證明，這些技巧確實非常有幫助。

　　像這樣的主觀自我監控策略可能很有效，但我們現
在也可以透過客觀評估，了解專職操盤手的生理機能、
內在壓力與疲勞水準，這是拜生理測量與評估技術的發
展所賜。

客觀監測的生理回饋

　　過去幾年，我花愈來愈多的時間，協助專職操盤手
監控、管理生理狀態。我在這方面使用的關鍵工具之
一，就是能夠客觀洞悉操盤手的內在壓力、睡眠、復元
狀況、身體活動與體適能水平等的技術。

　　根據我的經驗，絕大多數的操盤手都喜歡數據。他

們都熱愛技術線圖和數據，只要可能，他們偏好客觀現實，較不偏好主觀判斷。

　　與我合作過的每一位專職操盤手幾乎都知道，當他們比較沒有內在壓力、比較不疲勞時，操作績效都比較理想。所以，他們很清楚管理內在壓力、優質睡眠、良好的飲食、鍛鍊身體等，是創造優異績效的關鍵要素。但是，對所有人來說，知道是一回事，做又是另一回事，知行之間向來都存在某種落差。因此，以數據為本的客觀評估監控法，能夠促使這些操盤手更認真重視自身生理機能對操作績效的影響，促使他們更堅持強化生理機能所需要的行為。

　　我自己的研究是採用所謂「心率變異」（heart rate variability, HRV）的生理機能指標，它是從心跳速率（heart rate, HR）衍生而來的。我們可以從這項指標獲得和自律神經系統、交感神經系統（內在壓力）與副交感神經（恢復）系統的運作有關的有趣見解。

　　心臟的連續跳動之間有一個間隔，這些間隔的長短不一，不同的時間間隔就是「心率變異」（請見下列圖表）。不同人的HRV差異甚大，它受到基因（大約30％）、年齡、健康狀況與體適能水準的影響。

　　一般來說，高HRV（代表心跳與心跳之間的時間間隔變異性較大），暗示體適能與健康較好、生理狀態較強。而低HRV（心跳與心跳之間的時間間隔變異較小），則和較差的健康與體適能有關，也就是生理狀態較弱。

心率變異 –R–R間隔

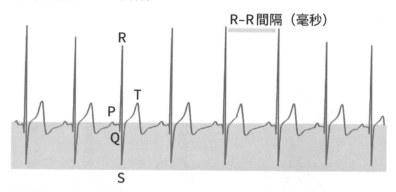

資料來源：Firstbeat 數據分析公司

　　我請操盤手連續幾個交易日戴上高科技監控器，就像精英運動員和運動團隊穿戴的那種監控裝置，然後我每天記錄他們的晨間HRV數值。這讓我得以客觀觀察專職操盤手在市場上的經歷對他們的生理機能的影響，當然也能觀察到專職操盤手的生理機能對他們的市場經歷的影響。

　　我透過這些觀察，得以測試操盤手的生活型態習性的變化，包括：睡眠、復元、身體活動、酒精消耗量等，以及心理訓練策略，例如正念冥想、呼吸策略和放鬆技巧等的使用，對他們的HRV數值的影響。

你會把資金交給誰操作？

　　下頁是兩位不同專職操盤手的生理數據圖表，每一張圖表都代表二十四小時期間內的狀態。

甲操盤手

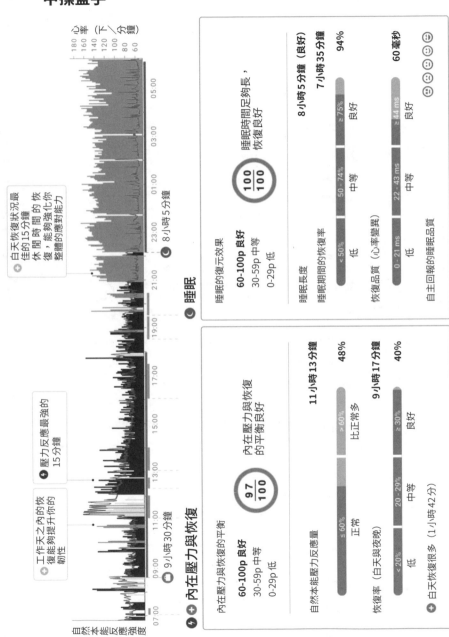

乙操盤手

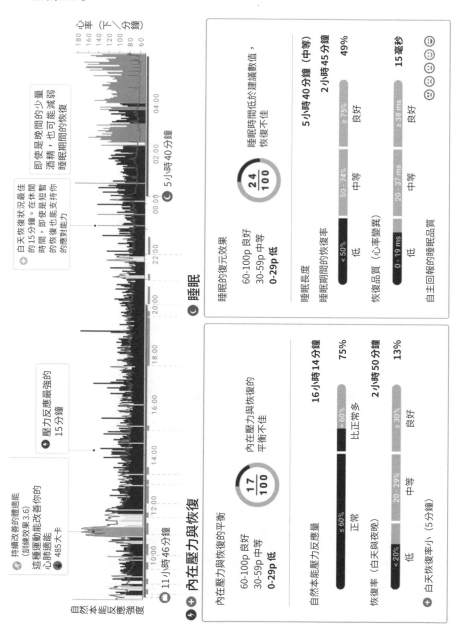

心率（下／分鐘）
180
160
140
120
100
80
60

自然本能反應強度

● 持續改善的體態適能
（訓練效果 3.6）
這種運動能改善你的
心肺適能
● 485 大卡

+ 壓力反應最強的
15 分鐘

+ 白天恢復狀況最佳
的15分鐘，在休閒
時間，即使是短暫
時間，也能支持你
的應對能力

即使是晚間的少量
酒精，也可能減弱
睡眠期間的恢復

● 11 小時 46 分鐘 　 ● 5 小時 40 分鐘

● 睡眠

睡眠時間低於建議數值，
恢復不佳

24/100

睡眠的復元效果
60-100p 良好
30-59p 中等
0-29p 低

睡眠長度　　　5小時 40 分鐘（中等）
＜50% 低｜50-74% 中等｜≧75% 良好

睡眠期間的恢復率　2小時 45 分鐘　49%

恢復品質（心率變異）　15 毫秒
0-19 ms 低｜20-37 ms 中等｜≧38 ms 良好

自主回報的睡眠品質 ☺☺☺☺☺

+ ● 內在壓力與恢復

內在壓力與恢復的平衡
60-100p 良好
30-59p 中等
0-29p 低

17/100　內在壓力與恢復的平衡不佳

自然本能反應量　16 小時 14 分鐘
≦60% 正常｜比正常多 >60%　75%

恢復率（白天與夜晚）2小時 50 分鐘　13%
＜20% 低｜20-29% 中等｜≧30% 良好

+ 白天恢復率小（5分鐘）

　　最上方顏色最深的柱狀圖示，代表某種可能正面或負面的壓力反應。深灰色的柱狀圖示代表恢復，淺灰色的柱狀圖示則代表身體活動與運動。柱狀圖示愈高，反應愈強。

　　這是一些你在觀看這兩張圖表時需要考慮到的問題：

- 關於一天之間的內在壓力柱狀圖示數量，你有留意到什麼嗎？

- 關於睡眠期間的恢復柱狀圖示數量，你有留意到什麼嗎？

- 關於自然本能的壓力反應量與恢復率，你有留意到什麼嗎？

- 關於白天的恢復率，你有留意到什麼嗎？

- 關於上班時間的工作期間與恢復率，你有留意到什麼嗎？

- 關於睡眠、睡眠量和恢復，你有留意到什麼嗎？

　　即使不去探究這些數據的詳細解釋，只要大致了解這些圖示反映了操盤手的生理機能——顏色最深的柱狀圖示代表內在壓力，深灰色的代表恢復，淺灰色的代表身體活動——可能就可以開始進行一些有趣的觀察。

　　乙操盤手有幾個具體、關鍵的生理狀況：

- 在一天二十四小時當中，他有75％的時間處於內在壓力之下；只有13％的時間處於恢復，而建議的指

導原則都是30％。換言之，他的這兩項指數雙雙落在常態範圍之外。

- 他花了11個小時又46分鐘在工作上，完全沒有恢復。

- 他的睡眠是5小時40分鐘，恢復率和恢復品質都很低。

- 他的身體活動量確實達到34分鐘，這能促進健康。

接下來，我們來看看甲操盤手的相關數據：

- 在一天二十四小時當中，他有48％的時間處於內在壓力之下；40％處於恢復中。

- 他一天的工作時間是9.5小時，其中有30分鐘的恢復時間。

- 他的睡眠是8小時又5分鐘，恢復率和恢復品質都屬良好。

- 他的身體活動量是27分鐘，這能促進健康。

想一下，這二十四小時期間的狀況，代表著這兩位操盤手各自的日常例程——根據我的較長期樣本，那確實足以代表他們的日常例程。這些日常對內在壓力與疲勞水準的影響是什麼？生理機能運作水平又是多高？這會對他們的感覺與想法造成怎樣的影響？又會對他們的風險承擔、決策制定與績效造成怎樣的影響？

如果你能選擇將你的資金託付給其中一位操盤

手——假設他們的技能、知識和策略報酬不分軒輊——你願意把你的資本交給誰？

狀態管理

狀態監測練習的好處是培養狀態覺知（state awareness），讓人得以展開自我管理。經過這項量化練習，你便能利用預防性與當下狀態管理策略，幫助你優化與調節個人的生理機能，發揮最佳的操作能力。

定期監測你的生理機能之後，你就會了解你的市場操作經歷對自身生理機能的影響，以及你的生理機能對自身市場操作經歷的影響。

有幾項你可以控制的要素會影響到你的 HRV，你可以把這些要素列為操作例行程序需要考慮的一環，也可以視需要，戰術性地應用這些要素。這些要素包括：

- 身體健康與生理安適感；
- 睡眠；
- 恢復；
- 體適能；
- 營養；
- 呼吸；
- 冥想；
- 生物回饋。

下列是監控自身生理狀態的某些重要方法。

主觀法

決定你要監控哪些生理機能要素，每天記錄這些要素，如果有幫助的話，記錄一整天之內的狀況。我請客戶記錄的這類要素包括：

- 內在壓力水準

- 能量水準

- 睡眠狀況

- 心情

- 情緒狀態

你可以在日記或試算表上，以1～5分或1～10分來記錄這些要素。

客觀法

- **可穿戴技術**——可以用來記錄個人壓力水準、睡眠品質／量、身體活動水準與體適能等生理機能數據的可穿戴技術數量已明顯增加，這些技術的記錄品質也顯著提升。雖然這些可穿戴技術的可靠性確實良莠不齊，但即使

目前不夠精確的可穿戴技術維持一貫的不夠精確，我們還是能夠從中看出趨勢和模式。這些技術是蒐集個人全天候生理機能數據的好起步，價格相對實惠。

- **每日HRV監控**——目前市面上有各式各樣的應用程式，可以用來記錄每天的HRV數值，也可以全天候記錄。在記錄相關數值之後，你可以加入某些主觀的輸入值，來追蹤你的重要生理機能變數。這是快速追蹤個人生理機能趨勢的簡便方法，你也可以從監控的過程中領悟到，什麼樣的生活型態與工作要素正在影響你的HRV數字和你的生理狀態。若要取得精確的數值，請添購優質的心率監測器，搭配適當的應用程式一起使用。

- **三日效能生活型態評估**——這是更深入、更精確但成本較高的生理狀態評估法，包括內在壓力量與質、睡眠品質與睡眠量、身體活動水準與攝氧量最大體適能水準。它需要72小時穿戴一種帶有電極的心臟監測器，72小時結束時，它會製作一份詳細的報告提供反饋。我在本書使用的操盤手生理機能數據範例，就是從這類評估作業中擷取出來的。

　　在接下來兩章，我會提供一些策略，幫助你訓練、管理你的生理狀態，開發高效能生活型態要素，建立高水準的生理適能。

23

成為恢復藝術的大師

適應性韌性與超補償

如果你到健身中心進行肌力訓練，你等於是在對特定肌群施加壓力，這種鍛鍊的短期影響是肌肉組織會遭到破壞。如果你持續進行這種鍛鍊，再輔以充足時間的優質恢復期，你的肌肉不僅會自我修復，還會進行一種所謂的「超補償」（supercompensation）的流程，變得更加強壯，為未來的壓力做準備。

壓力＋恢復＝成長

神經系統和生理機能的流程也是一樣的。如果你讓你的神經系統暴露在壓力之下，但同時確保你會獲得足夠的恢復，你將會感受到「適應性增韌」（adaptive toughening）——你的生理機能將會獲得強化，變得更有韌性。

長期慢性壓力、風險趨避與持久的操作績效

我們在上一章討論過，內在壓力有代謝的需求，需要能量。內在壓力水準愈高，你消耗掉的能量就愈多，所以市場上緊張、令人心理壓力大的期間，總是讓人感覺身體十分疲憊。

下列表格記錄了一位經歷三個漫長緊張交易日的操盤手在每日清晨時分的心率變異（HRV）數值。第一個數值接近他的正常基線值；到第三天，他的HRV數值只剩第一天數值的一半。HRV的降低，顯示神經系統趨於緊張，也意味內在壓力和疲勞程度上升。由於較漫長且緊張的操作導致心理層面的需求增加，所以他的生理機能顯著受到影響。

第一天	一天14小時	HRV 53
第二天	一天14小時	HRV 45
第三天	一天14小時	HRV 26

當你的身體系統能量流失，你必須補充那些資源，才能夠恢復平衡，這點非常重要。**就能量補充來說，最重要的因素是「恢復」、「關機」和「充電」。想要發揮你最優異的操作能力，避免陷入慢性壓力的陷阱裡，關鍵在於留心「壓力─恢復」之間的平衡點。**

正確掌握「壓力—恢復」的平衡點

如果你身體鍛鍊過量、過於頻繁或過於激烈，而且沒有獲得充足的恢復來平衡肌肉所承受的壓力，你會進入一種過度訓練的階段。到最後，你的肌肉會遭受損害，你會有受傷的風險。如果你從來都不鍛鍊身體，把所有的時間都用來「恢復」，你的肌肉也不可能變得更加強壯，無法適應鍛鍊所造成的壓力。

因此，所有想要優化個人訓練的運動員，都必須找到內在壓力與恢復之間的正確平衡點。恢復牽涉到一門完整的科學，相關應用也適合交易者。

內在壓力＋充足的恢復＝成長
內在壓力＋不充足的恢復＝崩潰
沒有內在壓力＋恢復＝沒有成長

下頁兩張圖表是兩名操盤手為期三天的生理機能數據，資源線（趨勢線）顯示了流入與流出他們的身體系統的能量。壓力造成損耗，恢復則讓人復元。甲操盤手擁有正向的「壓力—恢復」平衡。從圖表中可見，在這三天期間，他的資源不僅復元，實際上還增加了。

相反的，乙操盤手的「壓力—恢復」平衡則是負向的；在這三天期間，他的資源降低了。

當操盤手掌握到正確的「壓力—恢復」平衡，就能夠優化生理狀態，強化決策制定的潛力。掌握正確平衡點的操盤手，將受惠於壓力的適應性回應，能夠避免產

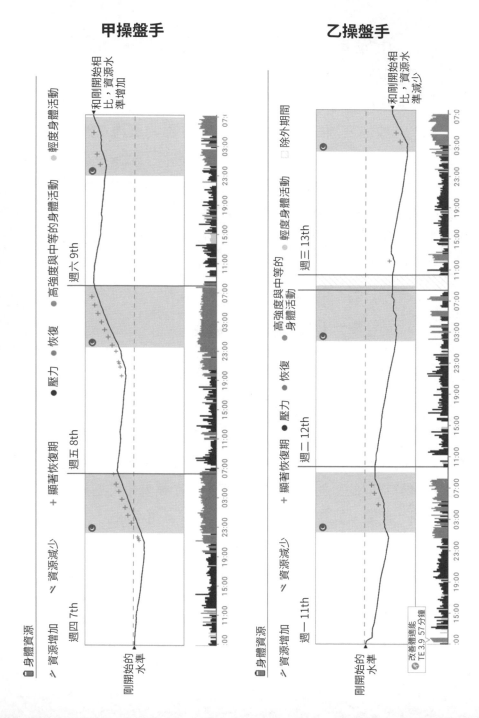

生慢性內在壓力，得以長期維持績效。

芬蘭Firstbeat公司的研究建議是：「在正常條件下，『正常人』每天的『正確』恢復率是30％。」〔Firstbeat公司（firstbeat.com），是由芬蘭的奧林匹克協會（Olympic Institute）衍生而來的企業，專為精英運動員和團隊、健康照護服務公司、企業和可穿戴技術製造商提供生理機能數據和分析。〕

如果你每天都有七到八小時的優質睡眠，那麼你距離這個30％的數字不會太遠。然而，我的很多操作圈客戶都睡眠不足，或是睡眠品質不佳，難以接近那個30％的目標。也就是說，其中有很多人持續處於一種恢復不足的狀態。

什麼是「恢復」？

我輔導的一位操盤手在經歷一段激烈的操作活動期之後，決定「好好休息一下」，讓自己恢復、充電之後再回到市場。在那段期間，我正好為他任職的公司進行一些研究。該公司很多操盤手——包括這位——每天都會蒐集生理機能數據，讓我們評估市場操作對他們的生理機能的影響，以及他們的生理機能對市場操作活動的影響。

可以想見，由於這位操盤手剛經歷一段高壓力、高疲勞的緊張市場操作期，所以他的每日HRV數值降低了——這符合我們原本的預期。這位操盤手選擇在休

息期間，和幾個朋友一同展開短暫的滑雪休假。在他休假期間，我一如往常地收到他的數據，結果我發現他去滑雪的那四天（包括滑雪後的社交活動）的數據很有意思，他的HRV數字繼續降低。

也就是說，他並沒有恢復，他的生理機能進一步下降。由於他每天花幾個小時的精力去滑雪，加上他的酒精消耗量增加、還熬夜，會出現這樣的結果倒也不令人意外。雖然他感覺這次「休假」很愉快，而且真的就像是在休息，實際上他並沒有恢復。不過，這次休假確實讓他的內心感到爽快，覺得很好玩、很開心，而且是他迫切需要的——暫時換個環境。

繼續消耗

滑雪：3天

睡眠：18小時

酒精：63份

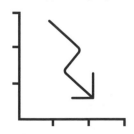

HRV：從61掉到44

當你身體的神經系統轉為副交感神經模式，你就會開始恢復。副交感神經系統經常被稱為「休息與消化」（"rest and digest"），它和「踩下煞車與放慢速度」有關。

此時，就生理機能而言：

- 你的心率放慢。
- 呼吸變得較緩慢、較深沉。
- 肌肉放鬆。
- 血液流回消化道。

副交感神經模式和壓力反應相反，也是消除壓力反應——即「戰鬥或逃跑」（"fight or flight"）——的解毒劑。它與「啟動能量」和「開機」相反。

衡量壓力與恢復

自古以來，我們都是以非常主觀的方式衡量恢復：

- 你感覺恢復得如何？
- 你睡了多久？
- 你的睡眠品質如何？
- 在一天之中，你如何放鬆你的身心？

如今，拜科技進步、心率監測器和特定應用程式等所賜，我們能夠記錄代表一個人的壓力與疲勞水準的生理機能數據——主要是HRV。

我為我的操作圈客戶做過很多生理機能評估和規劃，進行這些評估之後，操盤手便能取得顯示他們的壓

力量與壓力水準、睡眠量與睡眠品質、恢復品質與恢復率，以及身體活動品質與活動量等的客觀數據。

檢視這些數據之後，我們就能釐清操盤手的「壓力─恢復」平衡的狀況，知道要如何更加優化壓力管理、睡眠與身體活動，以實現高效能的生理狀態。

右頁這張圖表深入檢視了某位操盤手的一天經歷和生理機能反應。

為了「開機」而「關機」：恢復策略

以非常簡單的績效術語來說，你必須要能夠「關機」，才能「開機」。這是確保你擁有足夠生理資源來發揮最大操作能耐的唯一方法。

- 你目前如何「關機」？你的恢復策略是什麼？
- 你的睡眠如何？
- 你在交易日當中，如何為了恢復而休息？
- 你利用哪些具體策略（除了睡眠以外）來踩煞車、放慢速度並復元？

培養良好的恢復習慣，是優化個人生理機能、韌性與操作績效的根本要素。

睡眠

睡眠是我們最主要的恢復來源。睡眠是人類最基本的生物過程之一，我們睡覺的主要理由就是要休息、恢復與復元。和我合作過的很多專職操盤手都睡眠不足或

某避險基金操盤手的生理機能

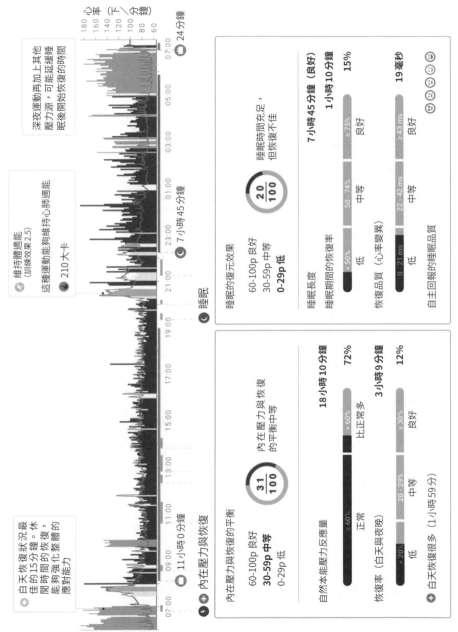

心率（下／分鐘）

180 160 140 120 100 80 60

⏱ 24分鐘

深夜運動再加上其他壓力源，可延緩睡眠後開始恢復的時間

⏱ 7小時45分鐘

❤ 維持體適能
（訓練效果2.5）
這種運動能夠維持心肺適能

🔥 210大卡

⏱ 11小時0分鐘

白天恢復狀況最佳的15分鐘。休息間期的恢復，能夠強化整體的應對能力

自然本能反應強度

07:00 09:00 11:00 13:00 15:00 17:00 19:00 21:00 23:00 01:00 03:00 05:00 07:00

😴 睡眠

睡眠時間充足，但恢復不佳

2 0／100

睡眠的復元效果
60-100p 良好
30-59p 中等
0-29p 低

	低	中等	良好	
睡眠長度				**7小時45分鐘（良好）**
睡眠期間的恢復率	<50%	50 - 74%	≥75%	**1小時10分鐘 15%**
恢復品質（心率變異）	0 - 21 ms	22 - 42 ms	≥43 ms	**19毫秒 19 ms 良好**
自主回報的睡眠品質	☹☹	☹☹☹	☺	☺

➕ 內在壓力與恢復

內在壓力與恢復的平衡中等

3 1／100

內在壓力與恢復的平衡
60-100p 良好
30-59p 中等
0-29p 低

	低	中等	正常	比正常多	
自然本能壓力反應量		≤60%	正常	>60%	**18小時10分鐘 72%**
恢復率（白天與夜晚）	<20%	20 - 29%	≥30%		**3小時9分鐘 12%**
	低	中等	良好		

➕ 白天恢復很多（1小時59分）

睡得不好，他們自己也知道這點，能夠感覺到問題。

右頁圖表列出兩位不同操盤手的睡眠數據，請留意兩個人的睡眠量與睡眠品質差異。

睡眠不僅對恢復很重要，也對決策制定、風險承擔與績效攸關重大。北卡羅來納州杜克大學進行的一項研究發現，29名年輕、健康的自願者在充分休息後，接受了各式各樣賭博相關的任務，接著又在徹夜未眠的情況下接受了同樣的任務。[57]當這些自願者獲得休息時，他們展現出謹慎的賭博行為模式；但在睡眠遭到剝奪後，他們的風險知覺改變了，變得對負面結果（虧本）較不敏感，而且較重視正面結果（贏錢）。

你睡得好不好呢？

想要睡得好，你必須考慮到幾項基本的睡眠衛生（sleep hygiene）要素。

臥室的環境

目標：創造一個有利於一夜好眠的臥室環境。

讓臥房：

- 昏暗。
- 涼爽。
- 安靜。
- 零科技產品。

甲操盤手

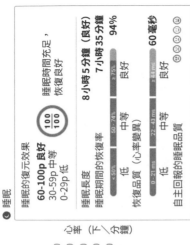

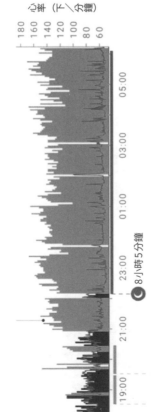

乙操盤手

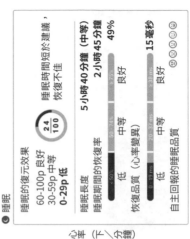

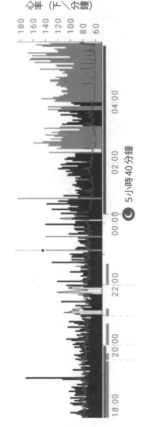

SATED睡眠調查

		鮮少／ 從未 (0)	有時 (1)	經常／ 總是 (2)
滿意度 Satisfaction	你是否滿意你的睡眠？			
警覺性 Alertness	你白天能否一直保持清醒，不打瞌睡？			
時機 Timing	你清晨兩點至四點之間，是否處於睡著的狀態（或努力嘗試睡著）？			
效率 Efficiency	你就寢醒著的時間不到30分鐘嗎？（這包括入睡所花費的時間，以及從睡眠狀態中醒來所花費的時間。）			
持續時間 Duration	你每天睡6～8個小時嗎？			

資料來源：美國國家衛生院

放鬆

目標：讓你的身體和大腦得以放鬆，為了準備睡覺而放慢節奏。

你可以藉由下列這些方式放鬆：

- 接近就寢時間不宜從事劇烈運動。
- 在這段放鬆期間不宜暴飲暴食。
- 避免飲酒，因為喝酒會降低睡眠品質。

- 留意咖啡因的攝取 —— 這種興奮劑的半衰期是六個小時，你可以考慮將咖啡因的最後攝取時間定在中午之前。
- 留意科技產品的使用 —— 睡眠品質的降低和深夜使用平板電腦與手機直接相關。目標是：就寢前30至60分鐘不使用科技螢幕。
- 冥想、呼吸練習、泡澡、沖澡 —— 這些都有助於你放鬆、準備入眠。

生活型態要素

目標：建立能讓你一夜好眠的生活型態。

你可以透過下列這些方式達成這個目標：

- 養成固定的就寢與起床時間 —— 事實證明，這是確保睡眠品質的關鍵要素之一。
- 適量的身體活動 —— 這能夠促進良好的睡眠品質。

你睡不著嗎？

目標：管理難以入睡的情境。

你可以透過下列這些方式克服這種情境：

- 維持睡前寫日記的習慣，把所有讓你擔心得睡不著的想法全部記下來。
- 練習正念或呼吸相關的策略。
- 如果你躺在床上超過20分鐘還睡不著，直接起床看

點書或做點其他放鬆的活動，讓自己感到疲倦、有睡意後再上床。

戰術性恢復

「你必須讓心智放鬆——好好休息之後，你的心智將會變得更清澄、更敏銳。就像肥沃的土地不能不自然地過度耕種，如果土地永遠沒有休耕的一天，將會失去土壤肥力。持續不斷地在鐵砧上工作，將會毀壞心智的力量。如果心智能夠獲得短暫的自由和放鬆，它將重獲力量。持續不斷地工作，會導致理性靈魂變得遲鈍軟弱。」
——塞內加

睡眠將是主要的恢復來源。所有希望優化個人決策制定與績效的交易者，都應該盡可能睡好睡飽。想要成為防彈交易高手，必須優先將睡眠列為關鍵恢復策略，將優質睡眠視為關鍵的績效強化要素之一。

不過，除了睡眠，還有其他的恢復來源，就是所謂的「戰術性恢復」（tactical recovery），我常應用到我的客戶身上。

很多專職操盤手長時間坐在辦公桌前，這樣做確實有必要，尤其是在忙碌的開盤交易期間。然而，我們必須體認到，大腦和身體不容易長時間維持高水準的專注力和認知表現。

　　為了優化績效，所有交易者必須考慮在每一段專注與操作活動期過後，安插一段恢復期；換言之，應該考慮建立一種「基礎作息週期」（basic rest activity cycle, BRAC）。

　　在休息期間，你可能應該考慮遠離螢幕，站起來伸展一下身體、稍微活動活動。若有必要，就喝點水或吃點東西。如果有幫助的話，也可以花點時間，利用放鬆或調整呼吸來踩一下煞車。

> 「我們應該到戶外隨意散一下步，透過外面的空氣和深呼吸來
> 滋潤我們的心智，使它變得煥然一新。」
> ──塞內加

　　優質的戰術性恢復策略有很多，包括：

- 積極恢復──散步、瑜伽、伸展運動。
- 消極恢復──呼吸策略、放鬆技巧、冥想、按摩、小睡一下。

24

培養你的生理適能

體適能與抗壓力

請想像你正在進行生平第一次跳傘運動，那會是什麼感覺？

對大多數的人來說，生平第一次的跳傘，一定讓人感覺很有壓力，即使是受過軍事訓練的人也不例外。從飛機上跳下來、等降落傘張開，漸漸降落到地面上的過程，會引起非常強烈的生理機能反應。

那會讓人感覺非常有壓力，很多人因此產生深刻的焦慮與恐懼感。

然而，一項在2008年所做的研究，測量了新手跳傘人員的荷爾蒙與知覺反應，[58] 發現了一項能夠顯著減輕內在壓力與恐懼的要素：體適能。

這項研究發現，體脂肪水準最低的跳傘者所感受到的內在壓力最小——這是以他們的皮質醇（壓力荷爾蒙）水準來衡量。他們在跳傘前一刻所做的認知測試也

表現得比較好。體適能最好的跳傘人員,在生理機能與認知上最具韌性。

運動和體適能似乎能為壓力反應提供某種關鍵的阻力。

透過運動來管理壓力

「對我來說,管理因操作而起的內在壓力,最重要的管道就是透過運動。我以前的生活全部都被操作占據,我的眼睛二十四小時都離不開螢幕,但最後的成果一點也不好。當我下定決心打破原本的習慣、回歸運動的正軌時,一開始並不怎麼順利。不過,我得把運動變成我的例行活動,因為運動真的讓我的頭腦變得更清醒,而且每每在歷經最糟糕的狀況之後,我低落的情緒都會隨著我認真鍛鍊身體而逐漸獲得提振。」──一位投資銀行操盤手

我有很多操作圈客戶都透過身體活動來管理內在壓力水準。

體內壓力反應的活化,會將腎上腺素與皮質醇等激素釋放到身體系統之中,讓身體的能量啟動。這些激素都是有幫助的,能夠在短時間內發揮關鍵的作用力。在身體遭受威脅或遭遇挑戰的局勢中──如果你必須戰鬥或逃跑──這股能量就會被身體利用並消耗殆盡。一旦威脅或挑戰結束,身體就會在恢復的過程中補充這些激素。體內平衡(homeostasis)──身體的原始生理機能設定──將漸漸復原。

　　但市場上的交易者並未真正面對實際的戰鬥，也沒有遭遇到真正需要逃跑的情境。交易者並未使用壓力反應的能量來移動身體，只是一貫地坐在螢幕前，而且一坐就坐非常久。

　　當你開始進行身體活動，即使只是散散步，你等於讓你的身體有機會善用系統內的能量。此時，你是用身體的活動來減弱你的壓力荷爾蒙，讓身體得以重新啟動。

　　最重要的是，當運動變得更激烈時，還會釋放胺多芬（endorphin，一種腦內啡），能夠促進正向的感覺與生理安適感，從而改變你的情緒。

> 「運動是管理我的內在壓力的最好方法，不管是重訓或騎馬。沒有什麼比在穀倉裡剷掉一坨馬糞或刷掉馬匹身上的泥土，更能讓我脫離這個深奧的世界。我也覺得清理櫥櫃或整理車庫很療癒。園藝也是，挖土種花讓我感覺很愉快。」──一位避險基金操盤手

　　那麼，你需要做多少的身體活動？各國衛生協會一般的共識是，每週應該從事至少150分鐘的中等強度活動，或是從事75分鐘的高強度活動，那代表每週有五天必須每天從事30分鐘的中等強度活動。我對操作圈客戶所做的生理機能測試的數據顯示：

- 65％的操盤手感覺他們為了獲得健康上的利益而從事足夠的身體活動。

- 但客觀的生理機能監測數據卻顯示，只有24％的操盤手真正做到這一點。

意思就是，有76％的操盤手並沒有做足夠的身體活動，因此難以達到最基本的健康促進目標；也就是說，他們沒有透過日常活動和運動獲得績效強化的利益。

自主回報與經測量的身體活動狀況

8 自主回報的身體活動

65% 覺得自己的身體活動量
　　足夠獲得健康上的利益

ılıl 經測量的身體活動

■ **24%** 身體活動量足夠獲得健康
　　上的利益

■ **45%** 從事中等強度的身體活動

■ **31%** 並未從事足夠的身體活動

訓練生理機能的韌性

運動與培養體適能並非培養生理機能韌性的唯二管道。在2007年6月至7月間，我對19位倫敦的自營業務操盤手進行了一項研究，希望能夠評估一種所謂「諧振」（coherence）的特定生理狀態對那些操盤手的操作績效產生的效果。

「諧振」是一種可利用心率變異數據來追蹤的心理生理（psychophysiological）狀態。當我們感到有壓力、焦慮、沮喪或氣憤，心臟就會接收到來自神經系統的矛盾訊號，此時HRV的測量表就會呈現鋸齒狀與無序狀態。據說，此時心臟產生的電訊號相當混亂。

心臟產生的另一種電訊號就是諧振的訊號——當心血管系統有效運作且和神經系統保持平衡時，就會出現

這樣的訊號。一旦心臟達到諧振狀態，HRV看起來既平滑且規律。

　　情況顯示，當心臟處於諧振狀態，認知功能便能改善，記憶力、決策制定、創造力、知覺清澈度、行為與績效也會獲得強化。在此同時，還能降低過高的內外在壓力衝擊，改善生理安適感。

混亂與諧振的心跳節奏

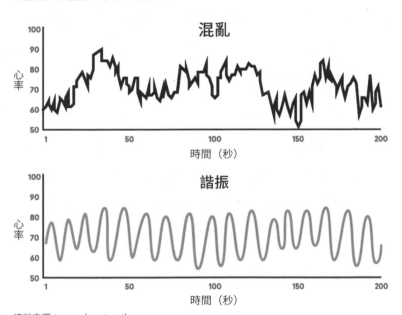

資料來源：www.heartmath.org

　　我的那些客戶完成了一些基本的心理測量與自我評估報告，接受半天的行為訓練。他們在課程中學習和生理機能有關的知識，得知生理機能對他們的操作決策制

定與績效的影響；另外，我們還傳授了一些能夠達到諧振狀態的技巧。

在為期六週的研究期間，我們要求操盤手演練相關的技巧——每天進行32分鐘的策略性演練，接著在必要的當下，使用較短期的戰術性技巧。在研究期間結束時，他們再次進行基本測試，我們分析他們在研究前與研究後的數據。

生理機能訓練結束後的結果顯示，操盤手感受到的內在壓力、疲勞、憤怒與沮喪水準降低了，並且感受到較高程度的放鬆、動機和專注力。他們感覺比較有掌控力，變得更加果斷。

這些操盤手的睡眠，也連帶受到有趣的影響。在研究展開前，47％的操盤手評估自己的睡眠不充足，但到研究結束後，只有14％的操盤手評估自己的睡眠不充足。

訓練生理狀態能夠獲得雙重好處。這種訓練可用來即時抵銷當下的外在壓力或負面情緒的影響，還能透過身體自然能量準備的重建，提供長期的利益。所以，生

操盤手的生理機能訓練 ── 研究前／後的回應

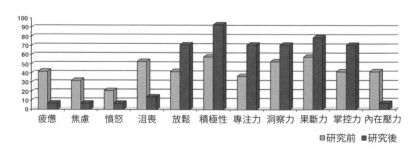

理狀態訓練的結果就是持續強化的安適感、能量和信心，乃至於個人健康與韌性的改善。這一切的一切，都有助於你創造優異的績效。

接下來是一套聚焦於心臟的呼吸技巧，它的效果包括：

- 創造諧振，平衡你的神經系統，活化你的前額葉皮質（prefrontal cortex，主司決策制定、規劃、長期思考、自我調節、聚焦在任務。）

- 降低自然本能的壓力反應 —— 轉變荷爾蒙平衡，包括腎上腺素與皮質醇。

- 將負面情緒狀態的體驗，轉為較中性的體驗。

- 促進體內平衡 —— 身體的生物平衡點。

要怎麼做？

- 將你的注意力集中在你的心臟區域 —— 不再東想西想，將你的注意力集中在身體上。

- 以一種平順、持續的節奏，比平常稍微慢且深沉地呼吸；試著吸氣5秒，再吐氣5秒。

- 透過鼻子吸氣與吐氣 —— 這樣比較有效且有效率 —— 橫隔膜／肚子要放鬆。

何時做？

- 在你感覺有壓力的時候做 —— 做幾次吸氣5秒、吐氣5秒的呼吸循環。

- 一整天內短暫做個幾次 —— 當作一種「充電」；或許一次做60秒，或是以吸氣5秒、吐氣5秒的循環做六次。

- 在關鍵決策時刻或市場事件前進入一種諧振高效能狀態 —— 或許進行2～5分鐘的練習。

- 需要恢復時 —— 如果你在一筆虧損發生、犯錯或其他不利事件發生後，感覺有壓力或感受到極端的情緒，那麼在嘗試藉由思考或行動來擺脫那個局勢以前，先重新平衡你的生理機能或許會很有幫助。你可以練習這個諧振呼吸法，直到你明顯感覺狀態已經改變。

- 每天的日常練習 —— 就當作一種訓練，目的是要培養你的身體實現與維護諧振的能力，同時培養你的生理適能。每天做5分鐘是不錯的初期目標，後續可以逐漸延長到每天10分鐘。

創造優質的操作績效

唯有生理感到安適，才有可能實現高績效的表現。如果你的心理、情緒和身體狀況不佳，便很難發揮你的最大潛力來做任何事。古諺說得好：「健康的心智寓於健康的身體。」從1970年代起的慢跑革命開始，愈來愈多人關注並重視身體健康與生理安適感。近年來，焦點已經延伸到人類的心理健康上。

當然，誠如我們所知，心智與身體並非各自分立的實體。兩者糾纏不清，而且對任何專業績效都極度重要。對操作來說，它們攸關你的操作績效高低、你制定的決策良窳，以及你能否有效因應那些決策的後果。

防彈交易者是能將生理安適感擺在第一優先順位的市場交易者。

> 「我覺得管理個人內在壓力的關鍵是透過能量管理；對我來說，這已經成為一件大事。我現在非常留意我的能量管理；我試著盡力管理我的能量。我會留意自己是否好好管理能量，並且據此進行交易和採取行動。」——一位股票操盤手

我總是鼓勵我的客戶思考個人生理安適感的重要性，因為生理安適感與優異的操作成果息息相關。以良好的狀態從事操作，通常意味著優良的績效。長期來說，若無法以良好的狀態從事操作，不可能長期獲得優異的績效。我們可將生理安適感視為從事操作的基本平台，如下頁金字塔圖所示。

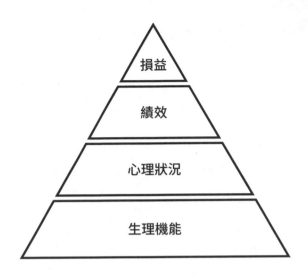

生理基本平台

曾與我交換過意見的某位成功基金經理人，列出各式各樣用來幫助自己因應市場壓力與挑戰的方法，包括：

- 運動；

- 睡覺；

- 呼吸練習；

- 心理演習（mental rehearsal）與觀想；

- 冥想。

就幫助操盤手管理因操作而產生的內在壓力與勞累、優化操盤手的績效等目的來說，冥想、正念和瑜伽已經成為愈來愈受歡迎的練習。許多績效導向的領域，包括運動、軍隊、執法單位、創傷醫學，以及企業領導

培訓計畫等，也愈來愈普遍採用這些方法。

　　每天花 8 ～ 12 分鐘進行某種類型的冥想或正念練習，有助於降低你的自然本能壓力反應、改善你的情緒調節，更有效管理你的煎熬想法，讓你比較不容易過於衝動，強化你的整體健康與生理安適感。

> 「冥想已經成為我的重要生活日常──我每天早上9
> 點左右會開始冥想，如果可以的話，也會在下午3
> 點45分冥想。我常在感覺內在壓力增加、開始失去
> 平衡時，利用冥想時領悟的方法來獲得排解。」
> ──一位自營業務操盤手

　　我們的金融圈前輩，早就對這類生理安適感演練與相關演練對操作績效的影響有所覺知。我有一個客戶是基金經理人，我為他進行過一系列的生理機能評估，包括在他休假的期間，因為他休假時也在看盤。他送了我一本傑西‧李佛摩（Jesse Livermore）的《傑西‧李佛摩股市操盤術》（*How to Trade in Stock*）。他在書裡某一頁的某個段落貼上了一張便利貼做記號：

> 「下列這條原則，是我透過某個偉大的操盤手所領
> 悟、發展出來的原則：遠離壓力──用盡所有辦
> 法保持心智的澄淨、做出正確的判斷。我盡可能在
> 我的現實生活中實現這個目標，我做的事情包括早
> 睡、飲食清淡、規律運動、站著盯盤、站著講電
> 話，以及要求辦公室保持安靜等。」[59]

這本書是在 1940 年首次出版。

　　我將這類型態的行為和習慣，想成交易者的「績效生活型態」（performance lifestyle）。這些行為和習慣很多發生在交易時段以外的時間，都是造就交易者生理安適感和績效的要素。斯多葛主義者深知「好好照顧身體以強化心智」的重要性，深知生理安適感對幸福生活的重要性。

> 「整體福祉是透過一小步一小步慢慢實現的，
> 但它絕非芝麻綠豆般的小事。」
> ──芝諾

　　市場上的交易者，尤其是從事較高頻操作活動的專職操盤手，面臨的風險之一是筋疲力竭或甚至過勞耗盡。耗盡是一種潛在的職業風險，我們可以採取防範措施，包括：

- 抱持務實的期望；
- 找時間擺脫螢幕；
- 一切以恢復為優先；
- 從事讓你樂在其中的活動。

結論

25
終點，也是起點

我希望這本書提供了一些知識、技巧與洞見，讓你可以融入你的操作中，幫助你知道何時該採取什麼行動。我希望這本書能夠幫助你更有效管理因市場操作而起的內在壓力、挑戰與需求。

下列簡單摘要這本書討論的重要原則與演練：

- **善於應對下跌時期**：一旦你開始投入操作，你就不得不在不確定性、新穎性與不可控性等條件下承擔風險。這一定會衍生內在壓力、帶來挑戰與困難。這些壓力、挑戰與困難，都是操作經歷的一部分，沒有交易者能有例外。你的目標並不是要迴避這些壓力、挑戰與困難，而是要變得善於因應這些壓力、挑戰與困難。

- **練就防彈心態**：你的心態——你對操作、市場、風險、不確定性的想法——會影響到你的感覺和行

為方式。請留意你的信念與知覺。其中哪些是有用
的？哪些又無用？

- **看待壓力的心態**：當你認為內在壓力有幫助，你的
  長期健康與短期績效，都會得到正面的影響。

- **正面看待失敗**：將錯誤、虧損和挫折視為機會，這
  對你是有幫助的。請你把它們視為獲得回饋、學
  習、發展和變得更有韌性的機會。

- **承諾**：你必須採取哪些具體的行動，才能將成功機
  率最大化？你想在操作時展現的個人優勢和素質
  （價值觀）為何？什麼事對你才是重要的？

- **管理你的風險**：以便在機會最大化與決策制定品質
  之間取得平衡；在部位規模與勝任能力、情境與風
  險承受度之間取得平衡。

- **欣然接受不確定性**：不確定性是市場的固有特性之
  一——所以，欣然接受吧。培養一種對「無常」了
  然於胸的心態，並且盡可能使用「已在計畫中的不
  確定性」策略。

- **做好最壞的打算**：利用事前分析來幫助你做好最
  壞的打算，並利用事前分析來決定將採取什麼行
  動——「如果最壞的情況發生……就……。」

- **聚焦於當下**：培養當下專注力的技能，這樣才能時
  時聚焦在任務和流程上，並時時聚焦在市場，同時

對自己的內在經驗保持覺知。

- **聚焦在過程**：聚焦在制定優質的操作決策，設法變得更善於制定操作決策，並研擬更扎實的操作流程。

- **用對控制力**：控制可控因素。找出你在操作上「能夠控制」與「無法控制」的事物。聚焦在「可以控制」的因素，為你的回應方式負起責任。

- **意願**：澹然面對不安。接受「不安感」是操作經驗的一環，並在努力實現個人操作目標的過程中，培養你沉著體驗不安感的意願。

- **脫鉤**：培養你對個人想法的覺知，以及你對自己描述的操作敘事的覺知。學習擺脫無益的想法，隨時聚焦在行動上。

- **情緒**：學習與你的情緒和平共處，而不是試著迴避或控制你的情緒。覺知你的感受，留意你有什麼感受、為它命名。將情緒想成「數據」，思考要如何利用情緒來創造利益。

- **建立信心**：培養你因應困難操作局勢的信心──你有哪些優勢、曾經克服哪些挑戰、有什麼支援？累積你的撲克牌籌碼。

- **保持鎮定**：培養在困難與壓力來襲的市場時刻保持冷靜的能力。勝任能力、準備與狀態管理是鎮定的基礎，呼吸療法則是有效調節個人當下狀態的策略。

- **自我疼惜**：過度苛責自己會導致信心盡失。你應該培養一種能平衡你內心的那位批判者與慈悲教練的能力。留意「評判」和「說明」之間的差異。

- **保持心理彈性**：練習從不同視角來看待各種不同的局勢。在困境中尋找機會，以居高臨下的視角來看各種事物。你的榜樣會做些什麼？

- **保持行為彈性**：培養既能在短期保持靈活做法、又能在長期適應情勢的能力，培養你針對市場環境的需求來調整流程和策略的能力。

- **狀態監控**：研擬監控個人生理狀態——內在壓力與疲勞水準——的流程。這個監控流程可以是主觀的，也可以是利用 HRV 數據的蒐集、分析的客觀流程。

- **重視恢復**：正確掌握「壓力－恢復」的平衡，是培養抗壓力與維持高操作績效的關鍵。聚焦於獲得優質的睡眠，並開發各種能夠放鬆與「關機」的方法，這樣你才會有「開機」的能力。

- **鍛鍊生理適能**：有很多方法可以將你的生理機能訓練成更抗壓、更能應對市場上的挑戰與需求。請培養改善生理安適感、促進活動與身心健康的習慣。記得多多練習諧振呼吸法和正念冥想等心智適能訓練的技巧。

最後，提醒你使用本書所有演練與原則的三個重要關鍵：

1. 想像力。
2. 行動。
3. 支援。

1. 想像你的未來

在你的腦海編織並保留一幅清晰的願景，從中清楚看見你正透過這些演練與原則實現什麼目標。

請想像一個未來的你：一個更有韌性、能夠更妥善應對操作上面臨的種種要求，並且能夠冷靜、自信克服種種挑戰的優雅交易者。

- 未來將有什麼不同？
- 你會注意到什麼？
- 你會採取什麼行動？
- 你會有何感覺？
- 你會有什麼想法？
- 讓你發展的機會何在？讓你成為在心理上，比目前更強大、更穩健、更沉著、更有韌性的交易者的機會何在？

2. 採取行動

行動能夠養成、打造出你更強大的彈性、韌性和耐受度等。你的心理堡壘並不只是透過閱讀和知識打造而來的，更是透過應用、演練和經驗累積而來的。所以，起而行吧！

「也因為如此，哲學家總是警告我們，千萬別滿足於單純的學習，必須加入實踐，接著還要接受訓練。因為隨著時間流逝，我們會遺忘以前學會的事物，最終從事相反的行為，並且抱持與應有想法相反的意見。」
——愛比克泰德

　　市場帶給你的每個挑戰、困難與壓力時刻，都是能夠立即演練防彈交易技能的好機會。想想看：

- 你會採取什麼行動？
- 你何時將採取那項行動？
- 那項行動將對你有何幫助？

操作挑戰	目前的方法、技能	你將應用的防彈交易知識與技能

3. 支援

我希望你因為閱讀這本書而受益，我也希望這本書能夠發揮些微的作用力，幫助你發揮、實現你的最佳操作潛力。

如果你有任何問題或反饋意見，請不吝透過我的網站和我聯絡，也可以寫電子郵件給我。

誠摯祝福你獲得最好的成果！

史帝夫

www.performanceedgeconsulting.co.uk

steve @ performanceedgeconsulting.co.uk

操作挑戰	目前的方法、技能	你將應用的防彈交易知識與技能

謝辭

　　這是我的第四本涵蓋操作、投資、博奕心理學與績效的書。對我來說，這些書代表著不同的挑戰，而且寫作的過程和人生一樣，有高潮，也有低潮。若沒有許多人的支持與投入，這些書都不可能完成，所以我要用下列篇幅，簡單地向他們表達我的謝意。

　　俗話說博愛始於家門，所以我也應該從家人們開始感謝起。寫作是一個非常耗費時間和精力的過程，而有時候投注到寫書的時間和精力，是我犧牲和家人們相處的時間和精力而來的。在整個寫作過程中，我太太莎賓娜（Sabine）和兩個兒子奧利佛（Oliver）與卡斯柏（Casper）都給了我充分的支持和理解。某種程度上，幸好有網飛（Netflix）、XBOX和YouTube的存在，他們才得以在我忙著寫作時找其他樂子，這稍微減輕了我因為未能陪伴他們而產生的罪惡感。

　　為了寫這本書，我徵詢了很多專職操盤手的高見，包括銀行、避險基金、投信、原物料商品貿易公司、自營操作集團和公用事業的操盤手，其中很多人撥出寶貴的市場操作和日常生活時間來回應我的提問。你應該已經透過本書引用的許多說法，清楚見到他們的投入；另外，你應該也能從本書的調性和標題的選擇，隱約感受到那些操盤手的付出。經由彼此的共識，我尊重他們選擇以匿名的方式提供意見；不過，我還是必須讓他們知道我有多麼感激他們的貢獻。你們很清楚你們是誰——非常感謝你們。

　　這本書是我十五年來和全球各地成千上萬名不同專職操盤手合作後的感想總結。我舉辦的每一場討論會，我與客戶合作的每一堂輔導課程，以及我進行過的每一份評估工作和諮詢工作，在某種程度上都讓我的思維和工作表現變得更加精進，而這一切都呈現在這本書裡。所以，我非常感謝與我合作過的所有客戶——謝謝你們給我機會與你們合作，為我的工作提供那麼多的資訊。

　　這本書是以三個核心前提為基礎——接納與承諾輔導（ACT療法）、人類生理學，以及斯多葛哲學。這是三個妙不可言的領域，它們有各自的理論、模型和框架。本書闡述的知識、獨特領悟、技巧和策略，引用了很多成就非凡的知名人士與機構的研究成果。我要感謝進行那些研究、開發出那些框架的人，因為有你們的付出，我才得以使用這些研究成果來嘉惠我的客戶與本書

的讀者——非常感謝你們做了那些研究，感謝你們為了成為行業的大師而努力投入與付出，請接受我對你們的致敬。

最後，我不確定出版商通常是如何看待作者的，我也不知道我是不是一個典型的作者；不過，不難想像，出版社人員在與我合作的過程中，勢必也遭遇到一些相當令人煎熬、沮喪的時刻——我想，與我合作的出版社人員也必須擁有屬於他們的防彈能力。我有幸與Harriman House的團隊合作，共同完成了三本書——我要再次感謝你們讓我有機會寫這本書，特別要感謝編輯克里斯多福‧帕克（Christopher Parker），感謝他在我形塑本書內容的過程中為我提供的支援，感謝他在我寫作過程中的耐心等候，還要感謝他耗費了大量的精力來編輯這本書。我倆都希望這份成品對讀者來說，是「本書最好的版本」。

注釋

1. *The Mindful and Effective Employee: An Acceptance and Commitment Therapy Training Manual For Improving Well-Being and Performance;* Frank Bond, Paul Flaxman, Fredrik Livheim, New Harbinger, 2013.

2. *The Hardy Executive: Health Under Stress;* Burr Ridge, IL. Maddi, S. and Kobasa, S, Irwin Publishing, 1984.

3. *Developing Mental Toughness: Coaching Strategies To Improve Performance, Resilience and Wellbeing;* Doug Strycharczyk, Peter Clough, Kogan Page, 2015.

4. *The Obstacle is the Way*, Ryan Holiday, Profile Books, 2014.

5. www.si.com/nfl/2015/12/08/ryan-holiday-nfl-stoicism-book-pete-carroll-bill-belichick

6. *Behavioural Investing: A Practitioner's Guide* to Applying *Behavioural Finance;* James Montier, John Wiley and Sons, 2007.

7. www.dragondoor.com/build_your_inner_citadel

8. *The Little Book of Stoicism: Timeless Wisdom to Gain Resilience, Confidence and Calmness;* Jonas Salzgeber, 2019 (www.njlifehacks.com).

9. *The Upside of Stress: Why Stress is Good for You (And How to Get Good at it);* Kelly McGonigal, Penguin/Random House, 2015.

10. *Black Box Thinking: The Surprising Truth About Success*; Matthew Syed, John Murray, 2015.

11. *Principles: Life And Work*; Ray Dalio, Simon & Schuster, 2017.

12. dailystoic.com/stoicism-for-athletes

13. *The Psychology of Enhancing Human Performance: The Mindfulness-Acceptance-Commitment (MAC) Approach*; Frank L. Gardner and Zella E. Moore, Springer Publishing Company, 2007.

14. *Acceptance and Commitment Therapy: 100 Key Points and Techniques*; Richard Bennett and Joseph E. Oliver, Routledge, 2019.

15. *The Mindful and Effective Employee: An Acceptance and Commitment Therapy Training Manual For Improving Well-Being and Performance;* Frank Bond, Paul Flaxman, Fredrik Livheim, New Harbinger, 2013, p.25.

16. *Ibid.*, p.26.

17. www.ncbi.nlm.nih.gov/pubmed/24405362

18. *The Road To Excellence: The Acquisition Of Expert Performance in the Arts and Sciences, Sports and Games*; K. Anders Ericsson, Lawrence Erlbaum Associates Inc, 1996.

19. www.ncbi.nlm.nih.gov/pmc/articles/PMC3410434; *Mind over Matter: Reappraising Arousal Improves Cardiovascular and Cognitive Responses to Stress*; Jeremy P. Jamieson, Matthew K. Nock, and Wendy Berry Mendes; *J Exp Psychol Gen.* 2012 Aug; 141(3): 417–422. (In *The Upside of Stress – Why Stress is Good for You (And How to Get Good at it)*; Kelly McGonigal, Penguin/Random House, 2015.)

20. Steve Clark, Omni Global Fund, in *Hedge Fund Market Wizards: How Winning Traders Win*; Jack Schwager, John Wiley and Sons, 2012.

21. Joe Vidich, Manalapan Fund, in *Ibid.*

22. *Ibid.*, p.490.

23. *Trading In The Zone: Master The Market With Confidence, Discipline And A Winning Attitude*; Mark Douglas, New York Institute of Finance, 2000.

24. www.forbes.com/sites/alicegwalton/2016/03/29/uncertainty-about-the-future-is-more-stressful-than-knowing-that-the-future-is-going-to-suck / *Origin Nature Communications* journal

25. dailystoic.com/embrace-the-uncertainty

26. dailystoic.com/premortem

27. *Back to the Future: Temporal Perspective in the Explanation of Events'*, *Journal of Behavioral Decision Making*, Vol. 2, No. 1, January/March 1989, 25–38, Deborah J. Mitchell, J. Edward Russo, and Nancy Pennington

28. *Winning Decisions: Getting it Right the First Time*; J. Edward Russo and Paul J. H. Schoemaker, (New York: Currency, 2002), 111–112.

29. *The Attention Revolution: Unlocking The Power of The Focused Mind*; B. Alan Wallace, Wisdom Publications, U.S., 1st Wisdom edition (2006).

30. oro.open.ac.uk/34544/1/Final%20report%20-%20publishable%20format.pdf

31. *Self-Awareness: The Hidden Driver of Success and Satisfaction*; Travis Bradberry, Perigee Trade, 2009.

32. Quoted in *Your Brain At Work: Strategies For Overcoming Distraction, Regaining Focus and Working Smarter All Day Long*; David Rock, HarperCollins, London, 2009.

33. *Super Trader: Make Consistent Profits In Good and Bad Markets*; Van K. Tharp, McGraw-Hill, New York, 2011.

34. *Ibid.*

35. *Accounting for the Effects of Accountability*; J.S. Lerner and P.E. Tetlock, *Psychological Bulletin* 125 (1999) 255–27.

36. *Winning Decisions: Getting it Right the First Time*, J. Edward Russo and Paul J. H . Schoemaker, Currency; 1st edition, 2001.

37. *The Hour Between Dog and Wolf: Risk-Taking, Gut Feeling and the Biology of Boom and Bust*; John Coates, Fourth Estate, 2012.

38. *The Hardy Executive: Health Under Stress*; Maddi, S. and Kobasa, S., Irwin Publishing, Burr Ridge, IL., 1984.

39. *Man's Search For Meaning: The Classic Tribute to Hope from the Holocaust*; Viktor E. Frankl, Rider, New edition, 2004.

40. 'The Psychophysiology of Real Time Financial Risk Processing', *Journal of Cognitive Neuroscience*, 14(3), 323–339; Lo, A.W. and Repin, D.V. 2002.

41. *White Bears And Other Unwanted Thoughts: Suppression, Obsession and The Psychology of Mental Control*; Daniel M. Wegner, Guilford Press; 1st edition, 24 May 1994.

42. www.nature.com/articles/srep32986

43. oro.open.ac.uk/34544/1/Final%20report%20-%20 publishable%20format.pdf

44. www.sekoyta.com/tribe

45. UCSD Center For Mindfulness, mPEAK programme.

46. *The Upside of Stress: Why Stress is Good for You (And How To Get Good at it)*; Kelly McGonigal, Penguin/Random House, 2015, p.113.

47. *The Confidence Gap: From Fear to Freedom*; Dr Russ Harris, Robinson, 2019.

48. *The Mindful Athlete: Secrets to Pure Performa*nce; George Mumford, Parallax Press, 2015.

49. Power Speed Endurance – powerspeedendurance.com/ breathing

50. *Self-Compassion: Stop Beating Yourself Up and Leave Insecurity Behind*; Kristin Neff, Yellow Kite, 2011.

51. www.psychologytoday.com/gb/articles/200306/our-brains-negative-bias

52. medium.com/stoicism-philosophy-as-a-way-of-life/take-a-view-from-above-d24d423f978a

53. *Floored*, James Allen-Smith, 2009.

54. *Change or Die: The Three Keys to Change in Work and Life*; Alan Deutschman, HarperBusiness, Reprint edition, 2007.

55. *The Talent Lab: How to Turn Potential into World Beating Success*; Owen Slot, Simon Timson, Ebury Press, 2018.

56. Danziger, S., Levav, J. and Avnaim-Pesso, L. (2011). 'Extraneous factors in judicial decisions'. *Proceedings of the National Academy of Sciences USA*, 108(17), 6889–6892.

57. corporate.dukehealth.org/news-listing/sleep-deprived-people-make-risky-decisions-based-too-much-optimism

58. *Extreme Fear: The Science of Your Mind in Danger*; Jeff Wise, Palgrave Macmillan, 2010.

59. *How to Trade in Stocks: The Classic Formula for Understanding Timing, Money Management and Emotional Control*; Jesse Livermore, McGraw-Hill Education, 2006.

挑出你最重視的五項操作價值觀的其中一項，花十分鐘寫點和它有關的東西。

請說明為何這項價值觀對你很重要。你如何在你的操作活動中表達這項價值觀（包括你今天的操作）？

請寫出這項價值觀會在你面對艱難的操作時刻或決策時，對你形成怎樣的引導作用？

_____

_____

_____

_____

_____

_____

_____

_____

_____

想想你在個人的交易操作過程中，曾經面對的某些艱難處境。

- 在每一個情境中，什麼價值觀有助於引導你回應那些情境？
- 那些價值觀可能驅動你採取哪些以價值觀為本的有效行為？

你的處境	價值觀	以價值觀為本的有效行動

我的操作CIA

控制力	
影響力	
接受	

局勢	優勢	過去的挑戰	支援
那是什麼事件或情況？	你能夠善用哪些優勢因應這樣的局勢？	舉例說明，你過去曾經克服了哪些類似的挑戰？	誰能夠在這樣的局勢，為你提供支援？

克服挑戰的行動

操作挑戰、局勢、事件	打算採取的具體有效操作行動

Star 星出版 財經商管 Biz 019

防彈交易心理學
專業操盤手教練教你贏家思維，安度低潮、長保最佳操作績效

Bulletproof Trader
Evidence-Based Strategies for Overcoming Setbacks
and Sustaining High Performance in the Markets

作者 —— 史帝夫・沃德 Steve Ward
譯者 —— 陳儀

總編輯 —— 邱慧菁
特約編輯 —— 吳依亭
校對 —— 李蓓蓓
封面完稿 —— 兒日設計
內頁排版 —— 立全電腦印前排版有限公司

讀書共和國出版集團社長 —— 郭重興
發行人兼出版總監 —— 曾大福
出版 —— 星出版／遠足文化事業股份有限公司
發行 —— 遠足文化事業股份有限公司
　　　　231 新北市新店區民權路 108 之 4 號 8 樓
　　　　電話：886-2-2218-1417
　　　　傳真：886-2-8667-1065
　　　　email: service@bookrep.com.tw
　　　　郵撥帳號：19504465 遠足文化事業股份有限公司
　　　　客服專線 0800221029
法律顧問 —— 華洋國際專利商標事務所 蘇文生律師
製版廠 —— 中原造像股份有限公司
印刷廠 —— 中原造像股份有限公司
裝訂廠 —— 中原造像股份有限公司
登記證 —— 局版台業字第 2517 號

出版日期 —— 2022 年 10 月 13 日第一版第一次印行
定價 —— 新台幣 420 元
書號 —— 2BBZ0019
ISBN —— 978-626-95969-7-3

著作權所有　侵害必究

星出版讀者服務信箱 —— starpublishing@bookrep.com.tw
讀書共和國網路書店 —— www.bookrep.com.tw
讀書共和國客服信箱 —— service@bookrep.com.tw
歡迎團體訂購，另有優惠，請洽業務部：886-2-22181417 ext. 1132 或 1520

本書如有缺頁、破損、裝訂錯誤，請寄回更換。
本書僅代表作者言論，不代表星出版／讀書共和國出版集團立場與意見，文責由作者自行承擔。

國家圖書館出版品預行編目（CIP）資料

防彈交易心理學：專業操盤手教練教你贏家思維，安度低潮、長保最佳操作績效／史帝夫・沃德 Steve Ward 著；陳儀 譯．
第一版．- 新北市：星出版：遠足文化事業股份有限公司發行，2022.10
320 面；15x21 公分 . -（財經商管；Biz 019）．
譯自：Bulletproof Trader: Evidence-Based Strategies for Overcoming Setbacks and Sustaining High Performance in the Markets

ISBN 978-626-95969-7-3(平裝)

1.CST: 股票投資 2.CST: 投資技術 3.CST: 投資心理學

563.52　　　　　　　　　　　　　　111014689

新觀點
新思維
新眼界